Martin Bondeli

# Im Gravitationsfeld nachkantischen Denkens: Reinhold und Hölderlin

Schwabe Verlag

MIX
Papier aus verantwortungsvollen Quellen
FSC® C083411
www.fsc.org

Bibliografische Information der Deutschen Nationalbibliothek
Die Deutsche Nationalbibliothek verzeichnet diese Publikation in der Deutschen Nationalbibliografie; detaillierte bibliografische Daten sind im Internet über http://dnb.dnb.de abrufbar.


Abbildung Umschlag: Peter Copmann: Porträt Karl Leonhard Reinhold, Pastell, 1821 (Wieland-Museum, Biberach). Franz Karl Hiemer: Porträt Friedrich Hölderlin, Pastell und Gouache, um 1792 (Deutsches Literaturarchiv Marbach).
Umschlaggestaltung: icona basel gmbh, Basel
Layout: icona basel gmbh, Basel
Satz: 3w+p, Rimpar
Druck: CPI books GmbH, Leck
Printed in Germany
ISBN Printausgabe 978-3-7965-4042-4
ISBN eBook (PDF) 978-3-7965-4095-0
DOI 10.24894/978-3-7965-4095-0
Das eBook ist seitenidentisch mit der gedruckten Ausgabe und erlaubt Volltextsuche. Zudem sind Inhaltsverzeichnis und Überschriften verlinkt.

rights@schwabe.ch
www.schwabe.ch

# Inhalt

# Vorwort

Die vorliegende Studie geht auf einen Vortrag zurück, den ich am 28. Oktober 2011 in Bad Homburg an der Tagung «Hölderlin und die Frühromantiker» gehalten habe. Im Zentrum meiner damaligen Überlegungen stand die These über einen naheliegenden Einfluss einschlägiger Denkfiguren des Jenaer Kantianers Karl Leonhard Reinhold auf Friedrich Hölderlins philosophische Versuche von Mitte der 1790er-Jahre. Es ging mir darum zu zeigen, dass Hölderlins Äußerungen über ein in unserem endlichen, reflexiven Denken nicht zu übersteigendes Faktum des Bewusstseins sowie über ein präreflexives Denken, das von einem unteilbaren Sein schlechthin und nicht, wie paradigmatisch in der Wissenschaftslehre Fichtes, von dem absoluten Ich oder Selbstbewusstsein seinen Ausgang nehmen muss, mit Reinholds postkantischen Stellungnahmen zum Bewusstsein als Fundament des gesamten menschlichen Vorstellungsvermögens harmonieren. Ins Blickfeld rückten damit auch die sehr wahrscheinlich durch geschmacks- und urteilstheoretische Lehrstücke Reinholds angeregten Beschäftigungen Hölderlins mit dem Begriff der Totalvorstellung sowie Hölderlins Rezeption von Ansichten des Reinhold-Schülers Niethammer über ein nicht als Grundsatz, sondern als Ideal zu artikulierendes nachkantisches Systemprinzip. Der Befund, dass sich der nach seiner Jenaer Zeit in Kiel lehrende Reinhold unter der Mitwirkung Jacobis und des ehemaligen Tübinger Studenten Bardili einem System des rationalen Realismus zugewandt hat, in dem die Begriffe von Sein und Einheit katexochen an höchster Stelle stehen, diente mir ferner als Anlass, auf einen Vergleich zwischen dem Fundament ebendieses Systems und Hölderlins Grundlegungsgedanken abzuheben.

Zu einem späteren Zeitpunkt hatte ich den Vortragstext erneut zur Hand und fasste den Entschluss, ihn nach einer Vertiefung und erweiterten Kontextualisierung der angeschnittenen Themen für eine Veröffentlichung vorzubereiten. Allerdings kam ich sehr bald zu der Überzeugung, dass es einer Ausweitung ebenso in der Zusammenstellung der Themenstränge bedarf. Ein besonderes Augenmerk sollte zusätzlich auf Schillers Arbeiten über die ästhetische Erziehung gerichtet werden. Denn diese waren nachweislich nicht nur für das philosophisch-ästhetische Schaffen Hölderlins bedeutsam, sie standen, wie neuere Forschungen im Rahmen der Reinhold-Edition ergeben haben, auch in einer Konkurrenz mit Reinholds Beiträgen zu einer dem Bereich des menschlichen Begehrungsvermögens zugehörenden Trieb- und Freiheitslehre.

Herausgekommen ist damit ein großenteils neu komponierter und weit umfangreicherer Text. Ein Anreiz, ihn in der nun vorliegenden Fassung zu publizieren, bestand am Ende durchaus auch aufgrund eines Forschungsdesiderats. Es fehlte bisher kaum an Studien, in welchen die Verbindung des Philosophen Hölderlin mit Denkansätzen Hegels, Schellings, Fichtes, Schillers, Spinozas, Jacobis, Rousseaus, Kants und Platons näher beleuchtet wird, jedoch an einer eingehenderen Untersuchung zu Hölderlin und Reinhold. Diese Lücke soll hiermit nun geschlossen werden.

Bei der Zusammenführung der Ideenwelten der beiden Hauptakteure war ich darauf bedacht, die für Hölderlin maßgebende Denkformation Reinholds, das heißt Reinholds hauptsächlich in die Jenaer Periode fallendes Lehren und Wirken im Geiste Kants, vorgängig in einem breiten, aufklärerische, moralisch-ästhetische wie auch grundsatz- und systemphilosophische Zugänge umfassenden Spektrum zu präsentieren. Denn nur auf diese Weise erhalten neben den Überschneidungs- und Attraktionspunkten auch die Kontraste und Abstoßungen in der Beziehung Hölderlins zu einer Philosophie im Stile Reinholds das nötige Profil. Im Blick auf Hölderlin habe ich mich auf jene Texte und Dokumente der 1790er-Jahre konzentriert, die als philosophisch oder philosophisch-poetologisch gelten. Es versteht sich, dass sich hiermit eine gewisse Unausgewogenheit im Hölderlin-Porträt ergibt.

Bern, Ende Juni 2019

# Einleitung

In der Hoffnung, seinen «Geist wieder zu sammeln und zu kräftigen», habe er sich, so Friedrich Hölderlin am 24. Februar 1796 an Friedrich Immanuel Niethammer, «Kant und Reinhold vorgenommen».[1] Es ist dies die einzige Stelle in Hölderlins gesamtem Œuvre, an der man auf den Namen Karl Leonhard Reinholds stößt. Angesichts der damals beachtlichen Ausstrahlungskraft dieses Autors und akademischen Lehrers der neuesten Philosophie fragt man sich, weshalb Hölderlin auf ihn nicht häufiger und ausführlicher Bezug genommen hat. Vielleicht erklärt sich dies dadurch, dass der junge Dichter, Denker und Erzieher in seinem philosophischen Heroengemälde Platon und Kant als die ruhenden Lichtgestalten, Fichte und Schiller als die großen aufstrebenden Köpfe betrachtet wissen wollte. Der scharfsinnig, aber nicht sonderlich energisch wirkende Reinhold konnte darin wohl nicht mehr als eine den Protagonisten zuarbeitende Nebenfigur sein. Gleichwohl hält sich die Verwunderung, deutet doch in der Sache nicht wenig auf eine substanzielle philosophische Verwicklung Hölderlins gerade auch mit Reinhold. Im Tübinger Freundeskreis Hölderlins wurden Reinholds neueste Werke eingehend gelesen, dessen systematische Erträge bald als Einstieg in das Lehrgebäude Kants willkommen geheißen, bald als wenn auch verbesserungsbedürftige, so doch in ihrer Grundtendenz nachahmenswerte Neuschöpfungen eines kantischen Systems der Vernunft eingestuft. Und an der Universität in Jena, wo Hölderlin sich zu eigenen Vorschlägen über das erste und höchste Prinzip im Gang der neuesten spekulativen Entwürfe zur Weltweisheit vorwagte, gehörte die Auseinandersetzung sowohl mit Reinholds Grundsatz- und Systemdenken als auch mit den produktiven und spannungsvollen Beziehungen, in denen dieses zu den kongenialen Systemideen

1 Hölderlin: StA VI, 202 [BA V, 18].

Fichtes und zu den pädagogisch-ästhetischen Reflexionen Friedrich Schillers stand, zum philosophischen Tagesgeschäft. Folgt man vor dem Hintergrund der in diesen Phasen tonangebenden kantischen und nachkantischen Diskurse den philosophischen und poetologischen Denkpfaden Hölderlins, gewinnt man den Eindruck, dass diese Reinhold-Kontexte denn auch nicht ohne Spuren geblieben sind. Gewisse Verlautbarungen Hölderlins erinnern jedenfalls an Problemfelder und Ideenfiguren, die als typisch für Reinhold gelten können.

Reinhold beflügelte mit seiner auf Anwendung bedachten und in den Zeitgeist eingreifenden Fortentwicklung der kritischen Philosophie Kants eine ganze Generation jüngerer Denker, die seit 1789 eine Geistesrevolution und neue Menschheitsepoche herbeisehnten und zu diesem Zwecke für Aufklärung und moralisch-ästhetische Erziehung des Menschen stritten. Mit seiner festeren Fundierung und umfassenderen Systematisierung kantischer Resultate war Reinhold überdies richtungweisend für all jene, die sich Gedanken über ein neues, Kants Lehrgebäude vollendendes oder aufgrund der Setzung neuer Prämissen sogar übersteigendes Paradigma des Philosophierens machten. Unzweifelhaft gilt dies auch im Falle Hölderlins. Während seiner Ausbildungszeit von 1788 bis 1793 zählte Hölderlin mit Hegel, Schelling und anderen vom Aufbruchsgeist ergriffenen Studenten des Tübinger Stifts zu einem Diskussionszirkel, in dem die Philosophien Kants, Reinholds und weiterer Kantianer erwiesenermaßen hoch im Kurs standen.[2] Neben aller Faszination für das Programm einer Vollendung und Überbietung Kants war unter den Studierenden die Eingenommenheit für die Überzeugung zu spüren, dass ein auf die Ideen von Freiheit, Moral und unsichtbarer Kirche ausgerichteter Kantianismus die einzig richtige Theorie zur Beförderung einer emanzipatorischen, dem Wohle einer mündigen Menschheit die-

2 Aufschlussreiche Einblicke in die Rezeption und Auslegung Kants und Reinholds im Tübinger Kreis um Hölderlin, Hegel und Schelling vermitteln heute zum einen die Studien und Editionen Dieter Henrichs zu Immanuel Carl Diez (siehe vor allem Henrich: Grundlegung aus dem Ich. Erster Band), zum anderen die Forschungen und Editionen von Michael Franz zu Johann Friedrich Flatt und dessen Umfeld (siehe vor allem Flatt: Philosophische Vorlesungen 1790, 57–71). Speziell zur Bedeutung Reinholds für die Tübinger Denklage siehe auch Onnasch: Die Rezeption Reinholds im Tübinger Stift zwischen 1790 und 1792.

nenden Theologie und Religion darstellt. Dabei war es, ehe Fichte 1792 mit dem *Versuch einer Critik aller Offenbarung* und Kant 1793 mit der Schrift über *Die Religion innerhalb der Grenzen der bloßen Vernunft* an die Öffentlichkeit traten, Reinhold, der sich mit vielbeachteten Einlassungen zu einem moralisch-religiösen Kantianismus, der den Ungeist einer überkommenen positiven Religion vertreiben sollte, hervorgetan hatte. Mit den 1786 und 1787 im *Teutschen Merkur* seines Schwiegervaters Christoph Martin Wieland veröffentlichten und 1790 in einem ersten Band separat neu aufgelegten *Briefen über die Kantische Philosophie*[3] stellte er ein Aufklärungskonzept zur Diskussion, mit dem er dem von Kant skizzierten Ansatz einer neuen Moraltheologie systemische Festigkeit und geschichtsutopische Konturen verlieh. Als Hölderlin sich nach der Tübinger Stiftszeit und der Hauslehrerzeit in Waltershausen Ende 1794 in Jena aufhielt, um an der dortigen Universität und Hochburg des Kantianismus den Gang der nachkantischen Systemphilosophie aus nächster Nähe verfolgen und mitgestalten zu können, befand er sich sodann noch unmittelbarer und umgreifender in einem intellektuellen Milieu, das mit Reinholds aufklärerischem und philosophischem Ideengut imprägniert war.

1787 als Professor der Philosophie nach Jena berufen, trug Reinhold nicht nur zur Etablierung des kantischen Lehrsystems bei, sondern fesselte gleichzeitig das studentische Publikum mit originellen Vorlesungen zu Kants «Kritik der reinen Vernunft», zu Wielands Heldengedicht «Oberon» sowie zu einer am Leitfaden von Johann August Eberhards *Theorie der schönen Wissenschaften* abgefassten «Ästhetik»[4]. Vorübergehend in einem Gedankenaustausch mit dem sich für philosophisch-ästhetische und geschichtsphilosophische Fragen erwärmenden Schiller stehend, machte Reinhold sich überdies mit Antrittsreden und Publikationen zum Geschmacksvermögen einen Namen, darunter 1788 und 1789 mit dem mehrteiligen Aufsatz «Ueber die

3 Zur Entstehungsgeschichte und zur Bedeutung von Reinholds erstem Band der *Briefe über die Kantische Philosophie* siehe die «Einleitung» in Reinhold: RGS 2/1, VII-LXVI.

4 Zu Reinholds Vorlesungen während der Jenaer Jahre siehe die Übersicht bei E. Fuchs: Reinholds Vorlesungen 1792–1794 über die Kritik der reinen Vernunft und über Logik und Metaphysik: Kollegnachschriften Smidt, Kalmann, Krause, 293–295.

Natur des Vergnügens».[5] 1789 veröffentlichte er, gleichsam als Krönung seines systematischen Schaffens im Geiste Kants, den *Versuch einer neuen Theorie des menschlichen Vorstellungsvermögens*.[6] Dieses Werk enthielt im zweiten und dritten Buch ein auf einem ersten Grundsatz und einer Reihe von Definitionen zu den Begriffen des Vorstellens und Bewusstseins beruhendes Einheitssystem der theoretischen oder erkennenden sowie der praktischen oder begehrenden Vernunft, das Reinhold ab 1790 zu einem System der gesamten «Philosophie» oder «Wissenschaft» ausweitete und dessen vorstellungstheoretischen Grundlagenteil er fortan als «*Elementar-Philosophie*» betitelte.[7] Mit diesem sowohl den Schul- und Aufklärungszwecken des Jenaer Kantianismus als auch einem innovativen Selbstdenken gerecht werdenden Beitrag zu einer wissenschaftlichen Philosophie war der Grundstein zur nachkantischen Systemphilosophie und damit auch zu den Systemen Fichtes, Schellings und Hegels gelegt.

Obschon seit Frühjahr 1794 nicht mehr Reinhold, sondern dessen Lehrstuhlnachfolger Fichte die Jenaer Denkbewegung des Kantianismus anführte, blieb ersterer, der unterdessen eine Professur in Kiel innehatte, an seiner alten Wirkungsstätte als intellektueller Anreger und als Initiator eines der Verankerung kantischer Aufklärungsideen dienenden «moralischen Bundes der Einverstandenen» in guter Erinnerung.[8] Mit Hölderlins Freund und philosophischem Mentor Niethammer[9] sowie mit Friedrich Carl Forberg dozierten zudem in Jena zwei Schüler Reinholds, die bei allen eigenwilligen Ansichten die wirkungsmächtigen Theoreme ihres Lehrers in Ehren hielten. Aufgrund der Tatsache, dass Fichte mit seinem 1794 bekannt gemachten

5 Teutscher Merkur, 1788 IV, 61–79, 144–167; 1789 I, 37–52 (Reinhold: RGS 5/1, 133–170).

6 Reinhold: RGS 1.

7 Siehe Reinhold: Beyträge zur Berichtigung bisheriger Mißverständnisse der Philosophen. Erster Band, 85–86.

8 Zur Organisation und Wirkung dieses 1795 initiierten Bundes siehe: Latomia. 20. Band, 1–16, 132–145; G. W. Fuchs: Karl Leonhard Reinhold – Illuminat und Philosoph, 137–140; Bernecker: Reinhold's Road to Fichte: The Elementary-Philosophy of 1795/96, 234–238.

9 Zur Freundschaft Hölderlins und Niethammers, die in die Tübinger Stiftszeit zurückreicht, beachte man Henrich: Konstellationen, 135–170.

System der Wissenschaftslehre den Anspruch erhob, die Elementarphilosophie verbessert, gegen skeptizistische Einwände gesichert und damit auf eine höhere Stufe gehoben zu haben, wirkte Reinhold schließlich auch auf dem Königsweg des Jenaer Denkens in mittelbarer Weise fort.

Ich möchte mich im Folgenden nicht weiter mit Erwägungen zu Hölderlins spärlicher expliziter Bezugnahme auf Reinhold befassen. Vielmehr will ich die sich in der Sache anzeigenden Reinhold-Hintergründe Hölderlins ausleuchten und den sich andeutenden Einflüssen nachgehen. In einem ersten Teil soll Reinhold zu Wort kommen, genauer: Reinhold in den wesentlichen Aspekten seines Jenaer Denkens und Wirkens und in einigen Facetten seiner späteren Positionierung zur Frage nach dem ersten Prinzip der Philosophie. Es soll hiermit jenes denkerische Profil Reinholds transparent werden, das meines Erachtens für Hölderlin als philosophisch-poetologischen Denker relevant und spannend gewesen sein dürfte. Danach widme ich mich Denkzusammenhängen Hölderlins, die meiner Ansicht nach mit einer unmittelbaren oder mittelbaren Anregung durch Reinhold in Verbindung zu bringen sind.

# 1. Die Philosophie Reinholds im Ausgang von Kant und ihr Beitrag zum nachkantischen Denken

Reinholds Weg zur Philosophie Kants nimmt seinen Anfang in der katholischen Aufklärungsbewegung Wiens zur Zeit der Josephinischen Reformen.[10] In den 1770er-Jahren trat der junge Reinhold in den Jesuitenorden ein, durchlief, nach dem vorübergehenden päpstlichen Verbot des Ordens, im Kollegium der Barnabiten die Ausbildung zum Priester und wirkte danach an diesem Ort als Lehrer der Philosophie. Gleichzeitig verkehrte er seit den frühen 1780er-Jahren in Literatenzirkeln und im Kreis der illuminatischen Freimaurer. Unter einem Decknamen veröffentlichte er zahlreiche Aufsätze aufklärerischen und theologiekritischen Inhalts. Eigenen Aussagen gemäß waren seiner Hinwendung zu Kant Beschäftigungen mit dem «leibnitzschen Systeme» und mit den Untersuchungen seines «würdigen Gegenspielers *Locke*» vorangegangen.[11] Ebenso der «Humische Skepticism» und der «Spinozismus» sollen damals zu seinen bedeutsamen Inspirationsquellen gezählt haben.[12] Wie briefliche Hinweise und diverse Anschlusskontexte im Rahmen seiner späten Abhandlungen zum Wahrheitsbegriff[13] verraten, dürfte sich Reinhold während seines vorkantischen Philosophierens zudem wegweisende Einsichten der scholastischen Klassiker, des religiösen Cartesianismus Nicolas Malebranches wie auch des in Wien durch Sigmund von Storchenau vermittelten Wolffianismus angeeignet haben.[14]

---

10 Zu Reinholds Wiener Anfängen siehe Lauth: Reinholds Weg durch die Aufklärung; Schaller: Wiener Ouvertüren zur Kantisch-Reinholdischen Philosophie.

11 Siehe Reinhold: RGS 1, 32.

12 Siehe Reinhold: Korrespondenzausgabe, Bd. 1, 268; Bd. 2, 169.

13 Man beachte insbesondere Reinhold: Die alte Frage: Was ist die Wahrheit?

14 Siehe Reinhold: Korrespondenzausgabe, Bd. 1, 159f.

Um die Mitte der 1780er-Jahre verließ Reinhold Wien fluchtartig. Schuld war offenbar ein sich verschärfender Konflikt zwischen seiner Stellung als Priester und seinem Engagement als Freimaurer im Range eines «illuminatus minor». Die genaueren Umstände und Gründe sind bis heute unbekannt. Mithilfe des illuminatischen Netzwerks gelangte Reinhold nach Leipzig. Er besuchte dort Vorlesungen des Philosophen und Arztes Ernst Platner und kam mit dessen anthropologisch-vermögenstheoretischer Spielart der Leibniz'schen und Locke'schen Philosophie in Berührung. Reinhold wird Platner und dessen aphoristische Denkart später einem eklektischen Intervall innerhalb der von Leibniz und Wolff zu Kant führenden Entwicklung der philosophierenden Vernunft zuordnen.

Kurze Zeit danach nahm Reinhold die Gelegenheit wahr, seine Existenz im Hause Wielands in Weimar neu aufzubauen. Er wurde Mitarbeiter beim *Teutschen Merkur*, trat mit der Unterstützung durch den Weimarer Generalsuperintendenten und Oberpfarrer Johann Gottfried Herder zum Protestantismus über und vermählte sich mit einer Tochter Wielands. In Weimar konnte sich Reinhold nun auch öffentlich als Aufklärer und Erneuerer in Szene setzen. Er publizierte im *Teutschen Merkur* eine Sammlung von «Gedanken über Aufklärung» und nahm damit auf seine Weise zu der damals prominent in der *Berlinischen Monatsschrift* abgehandelten Frage «Was ist Aufklärung?» Stellung.[15] Das Ziel einer aufklärenden Tätigkeit im kulturellen Bereich sollte seines Erachtens darin bestehen, eine Synthese von Verstandes- und Herzensbildung zu bewerkstelligen. In diesem Sinne forderte er die Orientierung an einem klassisch-rationalistischen Ideal klarer und deutlicher Begriffe, das zugleich offen für eine Integration sentimentalistischer Ideen der Versinnlichung und Historisierung begrifflichen Denkens sein sollte. Unter dem Einfluss Wielands und Herders verstärkte sich in ihm vorübergehend die Skepsis gegenüber aller einseitigen Verstandesaufklärung und scholastisch anmutenden Vernunftmetaphysik. Reinhold bekundete Sympathien für Herders pointiert an Geschichte, Gefühl und Glauben appellierendes Aufklärungsdenken. Angetrieben durch die Weimarer Förderer, schwang er sich schließlich zu einem Advokaten der metaphysik- und rationalitätskriti-

15 Siehe Bondeli: The Conception of Enlightenment in Reinholds «Letters on the Kantian Philosophy», 43–44.

schen Haltung auf, die Herder in den *Ideen zur Philosophie der Geschichte der Menschheit* eingenommen hatte. Er geriet damit unweigerlich in Streit mit den Jenaer Kantianern, ganz besonders aber mit dem in Königsberg ansässigen Kant, der ebendieses Herder'sche Werk zuvor in einer denkwürdigen Rezension vernichtend attackiert hatte.[16]

Seine Begegnung mit Kant, die unmittelbar auf diese sich anfangs mit verdecktem Visier abspielende Episode folgte, stimmte Reinhold um und führte ihn zu einem folgenreichen Entdeckungs- und Erweckungserlebnis. Kein anderes als das Denken des kritischen Kant schien ihm bei näherem Hinsehen besser geeignet, dem eigenen Bedürfnis einer Vermittlung von rationaler und Gefühlsaufklärung Genüge zu tun. Reinhold wurde schlagartig überzeugter und beherzter Kantianer, vertrat fortan die kritische Lehre ebenso mit dem hierfür nötigen Scharfsinn und systematischen Geschick. Er zog damit umgehend die Aufmerksamkeit der Weimarer und Jenaer Erziehungsbehörden auf sich und eröffnete sich so den Weg zu einer erfolgreichen akademischen Laufbahn. 1787 konnte Reinhold eine Professur für Philosophie in Jena antreten. Er gehörte dort zusammen mit Christian Gottfried Schütz, dem Begründer der Kant-freundlichen *Allgemeinen Litteratur-Zeitung*, und Carl Christian Erhard Schmid, dem Verfasser des ersten Kant-Lexikons, zu den führenden Kantianern und Aushängeschildern dieser Lehrstätte. Er rekrutierte eine Vielzahl jüngerer Mitstreiter und sah es als eine zentrale Aufgabe, die Kritiker und Gegner Kants in Schach zu halten. In Absprache mit Kant, den Reinhold seit Oktober 1787 brieflich über die neuesten Entwicklungen in Jena und über eigene Pläne auf dem Laufenden hielt,[17] betrieb er eine aufsehenerregende Polemik gegen den Neo-Leibnizianer Johann August Eberhard. Mit der Ausarbeitung des eigenen, elementarphilosophischen Systems sah Reinhold sich in einer konsequenten Nachfolge Kants, einer Nachfolge, die – je länger, desto stärker – aber auch mit der Ambition einherging, die kantische Philosophie entscheidend verbessern und

---

16 Näheres zu Reinholds Verwicklung in die Kant-Herder-Kontroverse siehe bei Bondeli: Von Herder zu Kant, zwischen Kant und Herder, mit Herder gegen Kant – Karl Leonhard Reinhold.

17 Siehe Bondeli: Reinholds Briefwechsel mit Kant.

so auf eine höhere und letzte Stufe innerhalb des neuesten Entwicklungswegs der philosophierenden Vernunft heben zu können.

Gegen Mitte 1794 führte Reinhold seine Lehrtätigkeit und seine publizistischen Aktivitäten an der damals zum dänischen Königreich gehörenden Universität Kiel fort. Nach einer ersten Phase, in der er weiterhin einem Philosophieren im Geiste des kritischen Kant die Treue hielt, folgte ab Ende 1796 eine denkerische Neuorientierung, die unter dem Einfluss Fichtes und Friedrich Heinrich Jacobis stand. Ab 1800 wandte sich Reinhold der Ausarbeitung eines Systems des rationalen Realismus zu, dessen Kerngestalt für ihn schließlich bis zu seinen spätesten, im Zeichen einer sprachphilosophischen und wahrheitstheoretischen Programmatik stehenden Systementwürfen maßgebend bleiben sollte. Diese Neuausrichtung, die erklärtermaßen mit einer pauschalen Abkehr von dem neueren Idealismus und der neueren Subjektphilosophie einherlief, kam einem Bruch mit Kant und dem vorangegangenen eigenen Systemdenken im Geiste Kants gleich. Reinhold sah sich aber nach wie vor, und dies sehr wohl auch während der mit dem Aufklärungs- und Revolutionsgeist des späten 18. Jahrhunderts abrechnenden Epoche der europäischen Restauration, einer Form von Aufklärung verpflichtet. Die moralischen und religiösen Leitideen der Ära Kants wurden von ihm nie aufgegeben. Bis an sein Lebensende in Kiel 1823 war Reinhold in dieser Haltung Mitglied und reger Förderer der freimaurerischen Bewegung.

Als Reinhold nach Mitte der 1780er-Jahre zur kritischen Philosophie Kants übergegangen war, formulierte er, der geschichtsutopischen Denkperspektive der Illuminaten konform, kein geringeres Aufklärungsziel als die Beförderung eines neuen, kantischen Zeitalters der Freiheit und moralischen Gemeinschaft. Durch eine Anwendung sogenannter kantischer «*Resultate*» zu den «Grundwahrheiten der Religion und der Moral»[18] sollten die hierfür nötigen geistig-kulturellen und sozialen Reformen eingeleitet werden können. Kennzeichnend für Reinholds Aufklärungsstrategie im engeren Sinne war das Bestreben, einem Konglomerat philosophischer Einheitsideen Eingang in die lernwilligen und für Aufklärung empfänglichen Gemüter zu verschaffen. Die an das Ideengut Herders erinnernde Losung einer Sensualisierung abstrakter Begriffe und Verlebendigung trockener Wortzeichen war

18 Siehe Reinhold: RGS 1, 34 f.

dabei ebenso gegenwärtig wie das durch Kants Neubestimmung des Verhältnisses von Glauben und Wissen inspirierte Desiderat einer heilsamen Vereinigung von Kopf und Herz. Hinzu kam eine systematologische Einheitsvision, für die Kants Diktum über einen «ewigen Frieden» im Bereich der spekulativen Vernunft[19] mitverantwortlich war. Reinhold wurde nicht müde, seiner Zuhörer- und Leserschaft einzuschärfen, dass mit Kants Vernunftkritik die jedem Fortschritt der aufgeklärten Vernunft hinderlichen Parteienkämpfe zwischen Naturalisten und Supernaturalisten, Materialisten und Spiritualisten, Empiristen und Rationalisten, Dogmatikern und Skeptikern, Deterministen und Äquilibristen in einer nicht mehr zu überbietenden Weise auf Fehler und Missverständnisse durchleuchtet worden sind und sich damit endgültig als gegenstandslos erwiesen haben.[20] Bestärkt durch das Grundsatzdenken Kants, das ihm auf Aristoteles und Leibniz zurückgehende Begründungstopoi kritisch fortzusetzen schien, ergriff Reinhold schließlich Partei für eine Einheitsidee im Sinne des Ausgangs der Philosophie von einem ersten evidenten Axiom oder Grundsatz. In der Absicht, die Kampffront unter den Kantianern geschlossen zu halten, verlieh er zunehmend der Überzeugung Ausdruck, ein philosophisches System müsse von einem ersten, den Ansprüchen der Allgemeingültigkeit und Allgemeingeltung genügenden Grundsatz ausgehen. Dieser Überzeugung gemäß wurde bei der Vergegenwärtigung kantischer Resultate vornehmlich dort angeknüpft, wo erste Prinzipien wie die Grundsätze der Apperzeption, Gattungsbegriffe wie die an der Spitze der Stufenleiter der Vorstellungsarten stehende «*Vorstellung* überhaupt (repraesentatio)»[21] oder Definitionen zu den Imperativen des Sittengesetzes zur Diskussion standen. Im Blick auf die lehrmäßige Kant-Vermittlung ging die Einheitsidee mit dem Plan einher, die Hauptergebnisse zur theoretischen und praktischen wie schließlich auch zu der absehbar werdenden ästhetischen und teleologischen Vernunftkritik in der Form eines grundsatzphilosophischen Gesamtsystems neu darzustellen. Auch nachdem dieser

19 Siehe KrV A 777 / B 805.

20 So der Tenor bereits in Reinholds Schreiben von Anfang November 1786 an den Weimarer Regierungsrat Gottlob von Voigt (Reinhold: Korrespondenzausgabe, Bd. 1, 145–157).

21 Siehe KrV A 320 / B 376.

arbeitsintensive Plan zu einer ersten Umsetzung gelangt war, blieb Reinhold der aufklärerische Philosoph, der gegen jede «Plage», welche «die Menschheit zugleich bedrückt und erniedriget»,[22] anzukämpfen und so das «*Eine, was der Menschheit noth ist*»,[23] auf den Begriff zu bringen gedachte. Doch ist es nachvollziehbar, dass Reinhold damit mehr und mehr in eine philosophisch-systematische Denkdynamik involviert wurde.

## a) Die einschlägigen Etappen von Reinholds kantischem und elementarphilosophischem Denken

> [G]egenwärtig haben wir ein *Evangelium der reinen Vernunft* erhalten, welches die Religion durch Vereinigung mit der Moral rettet, indem es den *Einzigen Erkenntnißgrund* fest setzt, der von Moral zur Religion durch den *Weg der Vernunft* führt.[24]

Die um die Mitte der 1780er-Jahre begonnenen *Briefe über die Kantische Philosophie* entsprangen noch vorwiegend einem aufklärerischen Denkinteresse und handelten über weite Strecken von den reformbedürftigen Zuständen des positiven Rechts und der positiven Theologie sowohl katholischer als auch protestantischer Provenienz. Reinhold erschien in dieser Sammlung von Briefen an einen fiktiven Freund ganz als der Verkünder und Anwalt von Kants moraltheologischen Abschnitten aus der *Kritik der reinen Vernunft*. Wie er seinem Publikum nahebrachte, ist es eine glückliche Fügung im Gang der neueren Aufklärung, dass sich die beiden «Glaubensartikel» über das «Dasein Gottes» und die «künftige Welt»[25] auf der Basis der kantisch verstandenen theoretischen Vernunft als unhaltbar erwiesen haben und durch keine wie auch immer neu unternommenen theoretischen Beweise, sondern nurmehr, wie Kant im Hinblick auf den Gebrauch der praktischen Vernunft aufgezeigt hat, aus Gründen der moralisch-praktischen Vernunft und in der Form von praktischen Postulaten rechtfertigen lassen. Zu assoziieren gilt es nach Reinhold mit diesem Eingriff Kants eine ganze Reihe heil-

22 Reinhold: RGS 4, 6.

23 Ebd., 12.

24 Reinhold: RGS 2/1, 120.

25 Siehe KrV A 828–830 / B 856–858.

samer Fortschritte: so den Ausweg aus der quälenden Alternative von Aberglauben und Unglauben, eine zur Seelenruhe führende Vereinigung von Gefühl und Gedanke, Glauben und Wissen, eine fruchtbare Synthese von Evangelium des Herzens und Evangelium der Vernunft, von Christus und Kant. Winken aus Kants kleiner Schrift *Was heißt: Sich im Denken orientieren?* folgend, darf aus der Optik Reinholds auch behauptet werden, dass mit dem moraltheologischen Ergebnis der Vernunftkritik der Spinozastreit, das heißt die sich um das Andenken an Lessing, um den Grundcharakter der Philosophie Spinozas sowie um den richtigen Weg der Aufklärung drehende Fehde zwischen dem Naturalisten oder dogmatischen Theisten Moses Mendelssohn und dem Supernaturalisten Friedrich Heinrich Jacobi, «schon einige Jahre vorher entschieden war, als er ausbrach».[26] Und damit nicht genug. Reinhold unternimmt es nachzuweisen, dass mit Kants moraltheologischem Standpunkt ein seit vielen Jahrzehnten andauernder Kampf, in den sich «*Vier* Partheyen» zur Frage nach dem Dasein Gottes verwickelt haben, beendet worden ist.[27] Atheismus, Supernaturalismus, dogmatischer Theismus und Skeptizismus haben ausgedient. Kants Position, so das erfreuliche konstruktive Ergebnis dieser Ausmarchung, hat das Falsche in diesen vier Parteien bloßgelegt und das Wahre, das in ihnen allen steckt, herausgehoben.

In diesem kantisch-moraltheologischen Denkhorizont verständigte Reinhold sich im Weiteren über die sich im Spannungsfeld von «Gefühl» und «Vernunft» herausbildenden historischen «Hauptepoken», die zu dem Zustand einer moralischen Religion kantischen Zuschnitts führten.[28] Und spontan wurde hierbei erstmals die Idee eines künftigen Systems der Philosophie aus einem ersten Grundsatz ausgesprochen, wobei diese Idee noch ganz auf einen Ausgang von der Postulatenlehre der praktischen Vernunft fokussiert war. «Die Kritik der Vernunft», so erfährt man aus einem im Frühjahr 1787 niedergeschriebenen Text der *Briefe über die Kantische Philosophie*, «giebt der Theologie an dem moralischen Erkenntnißgrunde einen *ersten Grundsatz*».[29] Dieser erste Grundsatz soll, so der gedrängt artikulierte Sys-

---

26 Siehe Reinhold: RGS 2/1, 94.

27 Siehe ebd., 86–89.

28 Siehe ebd., 116.

29 Ebd., 113.

temgedanke, künftig der erste Grundsatz einer «Metaphysik» sein, die ihrerseits der Theologie ein gesichertes Resultat zu vermitteln vermag: «Denn so wie der moralische Erkenntnißgrund als der einzige probehältige fest steht, erhalten die *Notionen*, welche von der *Ontologie*, *Kosmologie* und *Physikotheologie* zum Lehrgebäude der reinen *Theologie* geliefert werden, auf einmal Inhalt, Zusammenhang, und durchgängige Bestimmung.»[30]

Entscheidend kam hinzu, dass mit den letzten unter den frühen *Briefen über die Kantische Philosophie* über diese Grundsatzidee noch hinausgeschritten und bereits der Weg zu der für das kommende, vorstellungstheoretische Systemunterfangen maßgebenden Auffassung gebahnt wurde, das Vermögen des Vorstellens oder Bewusstseins im Sinne eines Subjekt-Objekt-Verhältnisses sei der Ausgangspunkt für ein neu darzustellendes System der Vernunft. Reinhold durchforschte in Auseinandersetzung mit Platner, Eberhard und Christoph Meiners die ältere und neuere Geschichte des Geist- und Seelenbegriffs. Hierbei reifte die Einsicht, der moralische Erkenntnisgrund des philosophischen Wissens sei das Derivat eines noch ursprünglicheren, gleichfalls das Erkennen und damit ebenso das Konzept der theoretischen Vernunft einschließenden Anfangsgrundes in der Tätigkeit des menschlichen Seelenvermögens. Ein einsichtiges Movens, das diese Einsicht beförderte, bestand darin, dass Reinhold die *Kritik der reinen Vernunft* sehr zu Recht nicht nur als lichtvollen Traktat zu einer aufgeklärten Theologie, sondern auch als das avancierteste Kompendium im Bereich der empirischen Psychologie und ihrer Untersuchungen zum menschlichen Erkenntnisvermögen verstanden wissen wollte. Kants Hauptwerk bildete seines Erachtens den gelungenen Abschluss einer philosophisch-psychologischen Strömung, für die in neueren Zeiten zur Hauptsache Locke, Leibniz, Hume und neuere eklektisch verfahrende Ausleger dieser Autoren wie Platner, Johann Nicolaus Tetens oder Johann Heinrich Lambert standen. Darüber hinaus galt es in dieser Sache ein Augenmerk auf Affinitäten Kants mit den alten Griechen zu richten. Reinhold war der Meinung, in Kants Analyse der Gemütskräfte und des Erkenntnisvermögens den «Schlüssel zur rationalen Psychologie der

30 Ebd.

Griechen»[31], namentlich zu den Seelenlehren Platons, Aristoteles', den Stoikern und Epikureern, entdeckt zu haben.

Mit seinen ästhetisch-geschmackstheoretischen Arbeiten von 1788 und 1789 bewegte sich Reinhold sodann in einem bemerkenswerten Vorstadium seiner bei dem Grundvermögen des Vorstellens und Bewusstseins ansetzenden Systemidee. Der im Aufsatz «Ueber die Natur des Vergnügens» signifikant auftauchende Begriff des «Vorstellungsvermögens»[32] und das in dessen Zusammenhang erörterte Verhältnis von dem Subjekt als einer tätigen, einheitsstiftenden Form und dem Objekt als einem unser rezeptives Vermögen affizierenden mannigfaltigen Stoff traten zwar noch nicht als Komponenten des eigenen Projekts einer grundsatzphilosophischen Neudarstellung des Vernunftsystems in Erscheinung, dienten jedoch auffällig als Raster der kritischen Beschreibung diverser philosophisch-ästhetischer Theorien zum Begriff des Vergnügens, die sich im Laufe des 18. Jahrhunderts, meist in Überschneidung mit Betrachtungen zu den angenehmen und unangenehmen Empfindungen, herausgebildet hatten.

Reinhold, der sich in dieser Zeit zugleich mit dem um den Abschluss der *Kritik der Urteilskraft* ringenden Kant über Fragen eines neben dem Erkenntnis- und Begehrungsvermögen bestehenden dritten Vermögens, des Geschmacksvermögens, austauschte,[33] wollte den vollständigen und damit richtigen Begriff des Vergnügens, den er für den Hauptbegriff dieses letzteren Vermögens hielt, im Sinne einer sich steigernden, einseitiger Gesichtspunkte entledigenden Einheit von Subjekt, Form, Spontaneität einerseits und Objekt, Stoff, Rezeptivität andererseits auf den Begriff gebracht wissen. Hierbei brachte Reinhold die Rezeptivität auffällig mit einer empfundenen «Totalvorstellung», die Spontaneität mit erzeugten «Partialvorstellungen» in Verbindung.[34] Vor dem Hintergrund der Einheitsforderung führte dies zum Bestreben, die beiden Vorstellungsarten als in einer basalen Wechselbeziehung stehend zu begreifen. Außerdem verteidigte Reinhold hiermit die The-

31 Siehe ebd., 195–222.

32 Siehe Reinhold: RGS 5/1, 134.

33 Man konsultiere dazu vor allem den Brief Kants an Reinhold vom 28. und 31. Dezember 1787 sowie den Antwortbrief Reinholds vom 19. Januar 1788 (Kant: Gesammelte Schriften, X, 513–528).

34 Siehe Reinhold: RGS 5/1, 145.

se, wonach auch einige sinnliche Vorstellungen als klar und rein gelten können, sinnliche Vorstellungen somit nicht, wie die orthodoxen Wolffianer behaupteten, durchgehend als verworren zu klassifizieren sind. Das als vergnüglich empfundene und beurteilte Vorstellen sollte seines Erachtens zu einer Vorstellungsart gehören, die sich gegen die Zuordnung zu der üblichen Einteilung der klaren Vorstellungen in deutliche oder verworrene sperrt, weder zu den einen noch zu den anderen gehören kann. Nicht fehlen durfte bei alledem ein Räsonnement, das Reinhold in Anlehnung an die sentimentalistischen Theorien von Jean-Baptiste Dubos und Louis-Jean Lévesque de Pouilly ausformulierte. Die Empfindung des Vergnügens beinhaltet ein Gefühl der Leichtigkeit, die auf Anstrengung folgt, sowie ein Gefühl der Lebhaftigkeit, das sich von Langeweile befreit. «Vergnügen» ist, so ein diesbezüglicher Definitionsvorschlag Reinholds, ein vorstellender Trieb nach «*starker* und *leichter* Beschäfftigung».[35]

Ein Blick auf die 1788 im *Teutschen Merkur* veröffentlichte Jenaer Antrittsrede «Ueber den Einfluß des Geschmackes auf die Kultur der Wissenschaften und der Sitten» verrät, dass Reinhold es schließlich nicht unterließ, in Anlehnung an Johann Georg Sulzers Studien zu den angenehmen und unangenehmen Empfindungen gleichfalls die verschiedenen Arten des Angenehmen oder Vergnüglichen unter die Lupe zu nehmen. Dabei sollte seiner Überzeugung nach das als «ästhetisch» zu qualifizierende Vergnügen als eine den «Abstand» zwischen Vernunft und Sinnlichkeit verringernde Mitte jener vergnüglichen Empfindungen, die bald «moralisch», bald rein «physisch» heißen müssen, interpretiert werden.[36] 1792, im zweiten Band der *Briefe über die Kantische Philosophie*, wurde diese Reflexion über die Arten des Vergnügens ausgehend von einem neu eingeführten Gattungsbegriff, dem «*Vergnügen überhaupt*», entscheidend aufgegriffen,[37] wobei zugleich die letztlich abschlägig beantwortete Frage, ob ein uneigennütziges oder moralisches Vergnügen nicht nur eine Folge, sondern auch der Grund der Moralität sein könne, zur Diskussion stand. Der Möglichkeit einer

35 Reinhold: RGS 1, 357.

36 Reinhold: RGS 5/1, 128 f.

37 Siehe Reinhold: RGS 2/2, 166 f.

Begründung der Moral durch das Geschmacksvermögen wurde damit eine Absage erteilt.

Mit dem 1789 publizierten *Versuch einer neuen Theorie des menschlichen Vorstellungsvermögens* trat Reinhold daraufhin als Systemphilosoph par excellence und in großem Stil in Erscheinung. Das Werk enthält im Anschluss an eine allgemeine Betrachtung zu Fragen über einen ersten Grundsatz ein System der Philosophie, das seiner Hauptarchitektonik nach mit einer basalen Theorie des Vorstellungsvermögens ansetzt, auf die eine in die Stufen der Sinnlichkeit, des Verstandes und der Vernunft untergliederte und sich ihrer Dynamik nach zur Stufe der Vernunft aufschwingende Theorie des Erkenntnisvermögens folgt, die ihrerseits mit Grundlinien zu einer Theorie des Begehrungsvermögens abgerundet wird. Das im Rahmen der Lehrtätigkeit zur Philosophie Kants vorbereitete und nun zu einer publikationsreifen Gestalt gebrachte Systemgebäude darf als kühn und vorbildlich bezeichnet werden. Es erweist sich als ein Muster nicht nur für Reinholds weitere Systementwürfe, sondern auch für die gesamte frühe nachkantische Systemphilosophie.

Innerhalb des ersten, die gemeinsame Grundlage von Erkennen und Begehren ausmachenden Systemteils, der Theorie des Vorstellungsvermögens, findet sich eine konzise Abfolge von Definitionen zu den Grundbegriffen der Vorstellung und des Bewusstseins als Verhältnis von Subjekt und Objekt sowie zu den anhand dieses Verhältnisses angeordneten Begriffspaaren von Form und Stoff, Einheit und Mannigfaltigkeit, Spontaneität und Rezeptivität. Das menschliche Bewusstsein wird an dieser Stelle seiner allgemeinsten Gestalt nach betrachtet und als ein unhintergehbares, nicht weiter zerlegbares Verhältnis von Subjekt und Objekt und seiner dazugehörigen operativen Folgebegriffe bestimmt. Gleichzeitig wird es emphatisch als ein *Verhältnis* des Vorstellens und damit ausgeprägt im Hinblick auf die Beziehung von Vorstellbarem und Unvorstellbarem dargestellt und erörtert. Das Verhältnis von Subjekt und Objekt ist erklärtermaßen ein Vorstellen von etwas. Es beinhaltet ein vorstellendes Subjekt, das sich, auf etwas anderes oder auf sich selbst gerichtet, auf ein vorzustellendes Objekt bezieht. Wird dieses Verhältnis selbst vorgestellt, kann man nicht umhin, es selbst wiederum als ein transzendentales Faktum vorauszusetzen. Wird eingeräumt, dass wir auch von einem Gegenstand auszugehen haben, der außerhalb oder unabhängig von diesem Verhältnis besteht, ist dieser nichts anderes als der dem transzendentalen Faktum des Vorstellens vorauszusetzende Gegenstand an sich, der sich im Vorstellen und als Vorstellen zwar ankündigt, der als solcher jedoch als unvorstellbar einzustufen ist. Damit ist auch gesagt, dass uns die Begriffe von Objekt und Subjekt nur im Modus eines vorgestellten Gegenstandes und nicht im Modus eines Gegenstandes an sich zugänglich sind. Die Begriffe von Objekt an sich und Subjekt an sich sind gleichfalls als unvorstellbar zu klassifizieren.

Vorausgreifend auf unsere Betrachtung der einschlägigen Neuerungen, mit welchen das elementarphilosophische System gegenüber der kantischen Vernunftkritik aufwartet, sei konstatiert, dass Reinhold bei diesen Ausführungen zum Verhältnis von Subjekt und Objekt nicht von ungefähr großen Wert darauf legt, sich neben aller definitorischen Arbeit zur Vorstellungsterminologie über die Relation von Vorstellbarkeit und unvorstellbarem Gegenstand an sich zu verständigen. Es geht hier um nichts Geringeres als um die Rechtfertigung von Kants antidogmatischer, die Grenze unserer Erkenntnismöglichkeit unterstreichender These der Unerkennbarkeit des Dinges an sich. Reinholds Vorgehen zufolge ist zur Erhärtung dieser These nicht bei Kants Unterscheidung von Erkennen und Denken anzusetzen, sondern bei dem Begriff der Vorstellung und dem ihm wesentlichen Begriffspaar von Form und Stoff. Auf dieser Grundlage argumentiert Reinhold dafür, dass der Begriff der Vorstellung dem Begriff eines Dinges an sich in einer Weise widerspricht, die zum Leitsatz führt: «kein Ding an sich ist vorstellbar».[38] In Detailerklärungen erbringt Reinhold überdies den Nachweis, weshalb dieser Befund gleichermaßen für den Begriff des Objekts an sich wie für den Begriff des Subjekts an sich relevant ist. Das Objekt an sich ist als der bloße Stoff, der Stoff ohne Form, zu fassen, das Subjekt an sich als die bloße Form, die Form ohne Stoff. Da jede Vorstellung sowohl einer Form als auch eines Stoffs bedarf, leuchtet es ein, dass ein Objekt an sich wie auch ein Subjekt an sich unvorstellbar oder, sofern man sich ebendiesen Sachverhalt vorzustellen hat, nur negativ vorstellbar ist. Reinhold will damit keinesfalls behaupten, dass es sich hier um leere Ausdrücke handelt. Denn bestritten wird nur die Vorstellbarkeit und nicht auch das Vorhandensein von Objekt an sich und Subjekt an sich, die unter diesem Blickwinkel ihrerseits als zwei Seiten eines

38 Reinhold: RGS 1, 164.

und desselben Gegenstandes an sich oder auch als zwei Seiten ein und derselben Betrachtungsweise an sich von einem Gegenstand zu interpretieren sind. Im Weiteren ist Reinhold auch nicht der Ansicht, dass seine These der Unvorstellbarkeit ohne jede Bereichsdifferenzierung zu gelten hat, soll doch zumindest in einer unverfänglichen Weise von einer vorstellbaren Affektion durch das Objekt an sich wie auch durch das Subjekt an sich die Rede sein können. Reinhold ist hier darum bestrebt, Kant auch dort zu unterstützen, wo dieser von einem uns affizierenden Ding an sich gesprochen, das Ding an sich somit nicht nur in der Bedeutung eines Grenzbegriffs, sondern gleichzeitig in der Bedeutung eines Grundes verwendet hat. Mit der Geltendmachung des Affektionsgedankens darf sich, so Reinhold im Wissen um prominente Einwände, kein Widerspruch mit der These der Unvorstellbarkeit ergeben. Dabei hält Reinhold den Affektionsgedanken deshalb für vertretbar und mit der These der Unvorstellbarkeit vereinbar, weil hiermit ein Verhältnis von Grund (Stoffgrund oder Formgrund) und Folge (Verhältnis von Form und Stoff in der Erscheinung) unterstellt wird, das den Status lediglich einer Idee oder Hypothese der Vernunft hat, ein Verhältnis, das somit weder mit dem Kernbereich der Erkenntnisbegründung noch mit einem starken Gültigkeitsgrad in Zusammenhang zu bringen ist.

Insgesamt trennt Reinhold bei der Diskussion der Frage des Dinges an sich ausdrücklicher und gezielter als Kant zwischen der antidogmatischen, grenzziehenden Fragerichtung und jener Fragerichtung, welche den Affektionsgedanken betrifft. Diese Abhebung verstärkend, tendiert er in der Folge dazu, von dem eigentlichen «*Dinge an sich*» nur bei der ersten Fragerichtung zu sprechen, bei der zweiten Fragerichtung den Ausdruck «*Noumenon*» zu favorisieren, da in diesem Falle nicht ein unhintergehbares Faktum, sondern eine dem Geltungsanspruch nach als Vernunftidee einzustufende Vorstellung von Ding an sich gemeint sein soll.[39] Probleme bereitet Reinhold am Ende die Tatsache, dass er Denken als eine Art des Vorstellens klassifiziert und dass demnach sein Begriff der Unvorstellbarkeit die Bedeutung von Undenkbarkeit, d.h. von logischer Unmöglichkeit, nach sich zu ziehen scheint. Dies kann nicht im Sinne Reinholds sein, der im Gegenzug betonen muss, dass im

39 Zu dieser Unterscheidung siehe Reinhold: Beyträge zur Berichtigung bisheriger Mißverständnisse der Philosophen. Erster Band, 216; sowie Reinhold: RGS 4, 107 Anm.

besagten Falle vielmehr von einer unvorstellbaren oder negativen, zumal nur auf die Form und nicht auch auf den Stoff bezogenen Denkbarkeit auszugehen ist. Dies wiederum relativiert allerdings seinen Klassifizierungsvorschlag.

Der zweite Systemteil, die als erster Grundzweig der Theorie des Vorstellungsvermögens zu qualifizierende Theorie des Erkenntnisvermögens, hebt mit einem Lehrstück an, das sich der Sache nach als Verbindungsglied von Vorstellungs- und Erkenntnisvermögen herausstellt. Im Blick steht das «*Bewußtsein überhaupt*»,[40] ein bewusstseinstheoretisches Stufengebilde, innerhalb dessen die Arten des klaren, des deutlichen oder selbstbewussten sowie des erkennenden Bewusstseins abgehandelt werden. Das Bewusstsein wird an diesem Ort als ein Vermögen der Selbstreflexion porträtiert. Bei dem klaren Bewusstsein findet eine selbstbetrachtende Reflexion auf die Vorstellung als Vorstellungsinhalt statt. Bei dem selbstbewussten Bewusstsein oder Selbstbewusstsein wird das vorstellende Subjekt anvisiert und davon ausgegangen, dass dieses sich in Form einer Selbstbeziehung, die eine innere Einheit von Subjekt und Objekt ermöglicht, zu manifestieren und so die eigens in ihm enthaltenen Formen des Vorstellens zu aktualisieren vermag. Das erkennende Bewusstsein schließlich setzt den Akzent auf das Objekt als vorgestellten Gegenstand und wird in der Summe als genetisches Vermögen der Verdeutlichung und anschauungsvermittelten Objektivierung von Begriffen gefasst. Hinsichtlich der Erkenntnisfrage und des Erkenntnisziels ist damit ein erster, allgemeiner Teil durchlaufen. Es folgen weitere, besondere Teile, mit denen Reinhold im Großen und Ganzen eine Neuexposition von Inhalten aus Kants Lehrstücken der transzendentalen Ästhetik, Analytik und Dialektik unterbreitet.

Die äußerlich noch in die Theorie des Erkenntnisvermögens eingegliederte, in der Sache aber als ein selbstständiger zweiter Grundzweig der Theorie des Vorstellungsvermögens anzusehende Theorie des Begehrungsvermögens schließlich enthält Bestimmungen und Skizzierungen zu einem vorstellungstheoretischen Triebvermögen. Es werden zwei Grundtriebe, ein «*Trieb nach Stoff*» und ein «*Trieb nach Form*»,[41] angenommen, die in ihrem Zusammenspiel für die Dynamik dieses Vermögens verantwortlich sind. Mit-

40 Siehe Reinhold: RGS 1, 210–228.

41 Siehe ebd., 356.

tels Verbindungen von Form und Stoff durchläuft das Triebsystem dabei die Stufen der Sinnlichkeit, des Vergnügens und der moralischen Vernunft. Diese Stufenkomposition bringt es mit sich, dass über Moralität, Sittengesetz, moralische Freiheit sowie über eine moralische Idee «absoluter Gemeinschaft»[42] sowohl ausgehend von einem apriorischen praktischen Vernunftvermögen als auch auf der Grundlage eines vernünftigen, uneigennützigen Triebes zu sprechen ist.

Bei der Fortführung dieses anspruchsvollen und vielschichtigen Unterfangens, die mit weiteren einschlägigen Publikationen einherging, erreichte Reinhold nicht mehr denselben hohen Grad an Vollständigkeit und Kompaktheit der Systementfaltung. Gemessen an den Plänen zu einer Philosophie überhaupt, die er um 1790 bereitstellte,[43] lag mit dem Systembeitrag aus dem *Versuch* dennoch lediglich eine prototypische und eine nur die Grund- und einige Aufbauelemente, somit noch keineswegs die Anwendungsteile beinhaltende Systemfassung vor. Und ebenso bezüglich der Ausbuchstabierung mikrologischer Systemschritte zum Fundament, zur Methode des Ableitens sowie zur Ausgestaltung des Verhältnisses von theoretischem und praktischem Systemteil konnte der Systembeitrag aus dem *Versuch* den Ansprüchen seines Autors nur begrenzt genügen. Er war als ein provisorisches Ergebnis zu werten, das in weiteren Anläufen zu festigen und modifizieren sein sollte. Zu den besagten Systemschritten wurden dementsprechend in der Zeitspanne von 1790 bis 1792 entscheidende Konkretisierungen und Berichtigungen vorgenommen. So brachte Reinhold das dem Anspruch nach als oberstes Prinzip geltende Vermögen des Vorstellens oder Bewusstseins ab 1790 genauer als zuvor auf den Begriff, indem er es als «Thatsache des Bewußtseyns» behauptete sowie als «*Satz des Bewußtseyns*» artikulierte,[44] der einer gängigen Version nach lautet: «Im Bewußtseyn wird die Vorstellung durch das Subjekt vom Subjekt und Objekt unterschieden und auf beyde

42 Siehe ebd., 364–366.

43 Zu beachten ist hierzu der Systemplan zu einer «Philosophie überhaupt» in Reinhold: Beyträge zur Berichtigung bisheriger Mißverständnisse der Philosophen. Erster Band, 85–90.

44 Siehe Reinhold: RGS 4, 49–51.

bezogen.»[45] So entwickelte er ab 1790 in mehreren Sequenzen Vorschläge zu einer Beantwortung der Frage, nach welchem genaueren Modell und Verfahren das Ableiten von Folgesätzen aus dem Satz des Bewusstseins erfolgen soll.[46] 1791 wurde in dieser Hinsicht der Gedanke geäußert, dass bei einer Ableitung zusätzlich von «besonderen Sätzen des Bewußtseyns» auszugehen sei, zumal es dem Umstand Rechnung zu tragen gelte, dass Folgesätze als dem Grundsatz subsumiert, nicht als in diesem enthalten zu denken seien.[47] 1792 schlug sich dieser Gedanke in einem revidierten Entwurf zum Grundlagenteil des Systems nieder.[48] In diesem Kontext tauchte erstmals ein Methodentheorem auf, das Reinhold fortan bei so gut wie allen Begründungsfragen ins Feld führte. Es bestand in der Erklärung, zu jeder Begründung theoretischen und praktischen Wissens gehöre ein abgewogenes Verhältnis von Fakten, die dem gemeinen oder gesunden Verstand, dem *common sense*, entspringen, und Prinzipien, welche die philosophierende Vernunft bereitstellt. Begründetes Wissen stehe und falle nicht bloß mit der Aufstellung von Grundsätzen und Ableitungen aus denselben, sondern setzte ebenfalls eine im Zeichen einer Balance von gemeinem Verstand und philosophierender Vernunft stehende Reflexion voraus.

Zu nicht weniger beachtlichen Innovationen in der Systementfaltung kam es in dieser Etappe aber auch aufgrund des Umstands, dass Reinhold erst in einem zweiten Ausführungsschub in der Lage war, den praktischen Systemteil auszugestalten. Vor 1792 war noch kaum ersichtlich, wie Reinhold die Theorie des Begehrungsvermögens eigens zu fundieren und bezüglich ihrer Wissensgebiete zu gliedern gedachte. Mit dem zweiten Band der *Briefe über die Kantische Philosophie* wurde hier nun erstmals Klartext gesprochen.

---

45 Reinhold: Beyträge zur Berichtigung bisheriger Mißverständnisse der Philosophen. Erster Band, 167.

46 Siehe dazu als Übersicht Bondeli: Das Anfangsproblem bei Karl Leonhard Reinhold, 107–153.

47 Siehe Reinhold: RGS 4, 61.

48 Man berücksichtige in dieser Sache den 1792 entstandenen Aufsatz Reinholds «Ueber den Unterschied zwischen dem gesunden Verstande und der philosophierenden Vernunft in Rücksicht auf die Fundamente des durch beyde möglichen Wissens», in: Reinhold: Beyträge zur Berichtigung bisheriger Mißverständnisse der Philosophen. Zweyter Band, 3–72. Dort vor allem 56–65.

Der praktische Systemzweig wurde aufgrund der inzwischen gewonnenen Einsicht, dass der richtig verstandene Begriff von der «Freyheit des Willens» künftig dem Verständnis von Sittlichkeit und damit der «*Wissenschaft* des Sittengesetzes *vorhergehen*» müsse,[49] durch eine Theorie der Willensfreiheit fundiert. An diese Theorie wurden Schritt für Schritt Theorien der Moral, des Rechts, des Naturrechts und Staatsrechts sowie der moralischen Religion angeschlossen. Auch das ästhetische oder Geschmacksvermögen wurde in einer parataktischen Art und Weise diesem Systemzweig zugeschlagen. Reinhold stellte nicht infrage, dass dem Geschmacksvermögen der Rang eines dritten menschlichen Grundvermögens und dabei eine vorzügliche Brückenfunktion im Verhältnis von Denken und Erkennen einerseits, Begehren und Wollen andererseits zuzubilligen ist. Jedoch schien es für ihn auch ausgemacht zu sein, dass das Geschmacksvermögen innerhalb der Gesamtarchitektonik des Systems nicht in der Gestalt eines dritten Systemzweigs entfaltet werden sollte.

Mit allen diesen Fortsetzungs- und weiteren Ausführungsschritten zu seinem Systemvorhaben war Reinhold nicht zuletzt darauf aus, sich präziser über sein Verhältnis zu Kants Vernunftkritik zu verständigen. Spätestens um 1791, mit der Schrift *Ueber das Fundament des philosophischen Wissens*, wagte Reinhold sich zur Behauptung vor, sein eigenes System sei nicht mehr nur als eine geringfügige oder äußerliche Revision von Kants Vernunftkritik zu validieren, sondern bilde die letzte, das Stadium der Vernunftkritik noch übersteigende Wegstrecke in der philosophiehistorischen Entwicklung der Vernunft. Zu dieser Einschätzung verhalf Reinhold unter anderem sein im selben Jahr einsetzendes und im Zusammenhang seiner Vorlesungen über Geschichte der Philosophie stehendes Bemühen, die Geschichtsschreibung der Philosophie zu reformieren. Auf der Basis des Begriffs der Philosophie überhaupt, der Philosophie als «Wissenschaft des nothwendigen Zusammenhangs der Dinge», wurde hierzu ein neues und in der Folge besonders bei Reinhold-Schülern wie August Wilhelm Tennemann und Georg Gustav Fülleborn zur Wirkung gelangendes philosophiegeschichtliches Paradigma

49 Reinhold: RGS 2/2, 238.

begründet.[50] Unter diesem Blickwinkel sollte das eigene System bei erneuten Vergleichen mit Kants Vernunftkritik als Schlusspunkt auf dem Weg der Herausbildung einer streng wissenschaftlichen Philosophie betrachtet werden. Reinhold war auch in späteren Phasen seines wandlungsreichen Denkens darum bestrebt, seine im Laufe von Analysen und Akten der Selbstreflexion gewonnenen neuen Einsichten gleichzeitig auf einem philosophiehistorischen Terrain zu rekonstruieren.

### b) Der Weg der Kant-Revision. Vervollständigungen und Neuerungen

Liest man Reinholds System vor dem Hintergrund der *Kritik der reinen Vernunft* und *Kritik der praktischen Vernunft,* wird man mit dem Phänomen einer Komplettierung von in diesen Werken einschlägigen Systemteilen und Lehrstücken konfrontiert. Mit Reinholds System steht eine Neudarstellung von Kants Theorie des Erkenntnisvermögens zur Diskussion, die sich durch ausführliche Herleitungen der Anschauungsformen Raum und Zeit, der Urteilsfunktionen, Kategorien des Verstandes und entsprechenden Zeitschemata sowie der Vernunftschlüsse und Ideen der Vernunft auszeichnet. Wird bei Kant die anhand eines Leitfadens vorzunehmende Zusammenstellung der Urteilsfunktionen und Kategorien sowie eines Systems transzendentaler Ideen lediglich angedeutet und vage skizziert, geht Reinhold dazu über, die betreffenden Begriffstabellen aus Bestimmungen zum Begriff des Urteilens überhaupt in durchgängiger Weise zu erschließen. Ausgehend von der Zweiheit von Form und Materie des Urteils sowie von einer mit dem Verhältnis von Form und Materie bestehenden Triade von «Einheit», «Vielheit» und «Einheit und Vielheit zugleich» werden die betreffenden Formen herauskombiniert und durchdekliniert.[51] Ähnliche Tendenzen sind bei der Theorie des Begehrungsvermögens zu konstatieren. Reinhold legt es darauf an, die von Kant in kritischer Absicht aufgestellte Tabelle über «praktische materiale

50 Maßgebend in dieser Sache ist Reinholds Aufsatz «Ueber den Begriff der Geschichte der Philosophie» (siehe Reinhold: RGS 5/1, 101–118).

51 Siehe Reinhold: RGS 1, 285–289, 321–325, 537–539, 554 f.

Bestimmungsgründe im Princip der Sittlichkeit»[52] zu vervollständigen. Die besagten Bestimmungsgründe werden in innere und äußere, subjektive und objektive Gründe der «moralischen Verbindlichkeit» eingeteilt und ausführlicher als bei Kant an signifikanten philosophischen Positionen und Autoren festgemacht.[53]

Wie sich bei einem die Architektonik und den Aufbau betreffenden Vergleich von Reinholds System mit Kants Vernunftkritiken leicht eruieren lässt, bestehen aber auch Unterschiede in der Einordnung und Akzentuierung von extensiv gleich oder ähnlich entwickelten Systemausführungen. Mit Reinholds dreiteiligem Gesamtsystem kommt es zu einer veränderten Priorisierung und Neugewichtung bestimmter Lehrstücke Kants. In nicht wenigen Fällen exponiert, verstärkt und vereinheitlicht Reinhold Resultate Kants und schreitet dadurch gleichsam mit Kant über Kant hinaus. Dabei ist sich Reinhold in der Regel darüber im Klaren, dass er hiermit andere Wege als sein Lehrmeister einschlägt.

Zu vergegenwärtigen gilt es in dieser Hinsicht zunächst, dass durch Reinholds Theorie des Vorstellungsvermögens dasjenige, was bei Kant als selbstverständlich in Anspruch genommenes Erkenntnismodell fungiert und damit den Rahmen vorgibt, in dem die transzendentalen Erörterungen und Deduktionen von Raum, Zeit, Kategorien des Verstandes und Ideen der Vernunft stehen, eigens herausgehoben und als separater Theorieteil dem gesamten System der Vernunft vorangestellt wird. Kant selbst operiert bei seiner Erkenntnisbegründung mit der Annahme, dass sich Vorstellungen auf Gegenstände beziehen, dass sich ein Subjekt als Garant von Form und Einheit und in der Eigenschaft der Spontaneität auf einen Gegenstand oder ein Objekt bezieht, das seinerseits den Stoff und das Mannigfaltige gibt und auf das rezeptive Vermögen des Subjekts wirkt. Genau dies wird von Reinhold nun rekonstruiert, aus materialen Vorgaben Kants herausdestilliert und mit dem Anspruch geltend gemacht, dass wir es hier mit einer evidenten Tatsache und evidenten Folgerungen zu tun haben. Das durch die Komponente der Vorstellung vermittelte Unterscheiden und Beziehen im Verhältnis von Subjekt und Objekt wird als in sich gewisser und nicht weiter zerlegbarer

52 Siehe Kant: Gesammelte Schriften, V, 40f.

53 Siehe Reinhold: RGS 1, 62–73.

struktureller Ausgangspunkt behauptet. Darauffolgend wird dafür argumentiert, dass Form und Stoff, Einheit und Mannigfaltigkeit, Spontaneität und Rezeptivität als Wesensbestandteile von Subjekt und Objekt zu begreifen sind.

Im Weiteren ist zu berücksichtigen, dass Reinhold die von Kant als «Vorstellung einer Vorstellung»[54] apostrophierte Auffassung, im Prozess des Urteilens werde das Urteilssubjekt unmittelbar, nämlich mittels Anschauung auf einen Gegenstand als mögliche Vielheit und Ganzheit von Eigenschaften bezogen, das Urteilsprädikat hingegen mittelbar, nämlich durch den Begriff, der Eigenschaften des angeschauten Gegenstandes heraushebe und Einheit im Mannigfaltigen stifte, ungleich konsequenter, als dies bei Kant geschieht, als Matrix der gesamten Theorie des Erkenntnisvermögens begreift. Die drei Bereiche der Anschauung, des Verstandes und der Vernunft werden dadurch als drei Stufen eines sich duplizierenden Vorstellens rekapituliert. Dies hat zur Konsequenz, dass auf jeder Stufe unterschiedliche Bedeutungen und unterschiedliche Grade einerseits der Anschauung und damit des Stoffes, Mannigfaltigen und Rezeptiven, andererseits des Begrifflichen und damit der Form, Einheit und Spontaneität angenommen werden. Ferner folgt daraus, dass auch Artunterscheidungen wie jene von analytischem und synthetischem Urteil am Leitfaden dieser Auffassung vorgenommen werden und so das analytische Urteil als eine begrifflich reflektierte Form des synthetischen Urteils konzipiert wird.[55] Auf dieser Grundlage rückt Kants Unterscheidung von analytischem als Erläuterungs- und synthetischem als Erweiterungsurteil eher in den Hintergrund. Umso wichtiger wird die an Christian August Crusius erinnernde Ansicht, dass jedem analytischen Urteil, mit Ausnahme des formallogischen Satzes des Widerspruchs, ein synthetisches Urteil vorausgehen muss. Interessanterweise greift Reinhold hierbei seine in der Theorie des Vergnügens dargelegte Unterscheidung von Total- und Partialvorstellung auf. Der Subjektausdruck des Urteils wird mit einer «Totalvorstellung», der die begrifflichen Merkmale fixierende Prädikatausdruck mit «Partialvorstel-

54 Siehe KrV A 68 / B 93.

55 Ausführlicher zu Reinholds Unterscheidung von analytischem und synthetischem Urteil siehe Bondeli: Das Anfangsproblem bei Karl Leonhard Reinhold, 92–101.

lungen» in Verbindung gebracht.[56] Das Urteilen als solches erscheint vor diesem Hintergrund als ein auf synthetischer und analytischer Stufe vor sich gehendes Extrahieren begrifflicher Partialvorstellungen aus der angeschauten Totalvorstellung. In einem späteren Denkschritt wird auch der Prozess des logischen Schließens, das mittelbare Urteilen, in dieses Modell einbezogen. Das dem Vernunftvermögen zukommende logische Schließen soll als eine Synthese mehrerer Urteile, genauer: als ein «*synthetisch*» zu nennender Vernunftschluss, der sich auflösen und insofern «analytisch» darstellen lässt, begriffen werden.[57] Das Verhältnis von Total- und Partialvorstellung wird von Reinhold zudem, nachdem seit 1792 eine Stufung von empirischem, transzendentalem und transzendentem Vernunftgebrauch dominanter wird, mit dem Verhältnis von einerseits synthetischen als «transzendentalen» Operationen von Verstand und Vernunft, andererseits analytischen als «logischen» Operationen der Vernunft parallelisiert.[58] Und hierbei fällt besonders in die Augen, dass Reinhold die im Kontext des Verhältnisses von Total- und Partialvorstellung stehenden Operationen zugleich als eine Rückführung auf dasjenige versteht, was ursprünglich verbunden oder getrennt ist. Die Totalvorstellung steht genauer besehen für eine Handlung im Bewusstsein, die verbindet, «*was sich verbinden läßt*», die Partialvorstellung für eine Handlung im Bewusstsein, die «trennt, was sich nicht verbinden lässt, was sich *widerspricht*».[59]

Zu den hervorstechenden Eigenheiten Reinholds gehört auch, dass er den Begriff des Selbstbewusstseins nicht, wie dies bei Kant der Fall ist, primär in einen Konnex mit dem Vermögen einer einheitsstiftenden ursprünglichen Apperzeption bringt. Reinhold zieht diesen Begriff in erster Linie bei der Thematisierung eines reflektierenden, der Verdeutlichung von Vorstellungen dienenden Subjektvermögens heran. Das Selbstbewusstsein ist, wie wir bereits angedeutet haben, das zum erkennenden Bewusstsein führende, als «*deutlich*» einzustufende Bewusstsein.[60] Beschrieben und analysiert wird das

56 Siehe Reinhold: RGS 1, 281.

57 Siehe ebd., 321.

58 Siehe Reinhold: Beyträge zur Berichtigung bisheriger Mißverständnisse der Philosophen. Zweyter Band, 28 f.

59 Vgl. ebd., 28.

60 Siehe Reinhold: RGS 1, 217.

deutliche Bewusstsein oder «Selbstbewußtseyn» dabei als eine auf sich gerichtete Aktivität des Gemüts, bei der «das Objekt des Bewußtseyns als Identisch mit dem Subjekte vorgestellt» wird.[61] Mit dieser Verortung und Auslegung des Selbstbewusstseins kennzeichnet Reinhold ein Subjektvermögen, das es seines Erachtens erlaubt, die auf Gegenstände beziehbaren und zu beziehenden, jedoch noch nicht auf Gegenstände bezogenen Vorstellungen begreiflich zu machen und einem Prozess der Verdeutlichung zu unterwerfen. Das Vorstellungsvermögen bezieht sich hier derart auf sich selbst, dass es kraft seiner eigenen «Thätigkeit» ein «*Afficirtwerden* der Receptivität» hervorbringt[62] und auf diese Weise seine eigenen Formen oder Werkzeuge des Vorstellens vergegenwärtigt. Vorgreifend auf diesen Gedanken hat Reinhold bereits innerhalb der in der Theorie des Vorstellungsvermögens besprochenen Beziehung von Form und Stoff neben dem äußeren, objektiven oder aposteriorischen einen inneren oder subjektiven Stoff eingeführt, einen «Stoff a priori», der nicht von außen zur Form hinzukommt, sondern ein der Form eigener Stoff ist.[63] Es ist unverkennbar, dass Reinhold mit dieser Eingliederung und Deutung des Selbstbewusstseins ein weiteres Theorem Kants in einer gesonderten Weise heraushebt, nämlich Kants Auffassung über ein menschliches «Gemüt», das im inneren Sinn, dessen Form die Zeit ist, «sich selbst, oder seinen inneren Zustand anschauet»,[64] ein Gemüt, das, mit anderen Worten, «durch sich selbst affiziert wird».[65]

Besondere Beachtung verdient an diesem Punkt die Tatsache, dass Reinhold das so verstandene und funktional bestimmte Selbstbewusstsein ebenfalls als eine «innere Anschauung» fasst, die es seines Erachtens als «*Intellektuell*» zu klassifizieren gilt.[66] Auf diese Weise kennt Reinhold innerhalb seiner Theorie des Erkenntnisvermögens sowohl einen negativen oder kriti-

61 Ebd., 218.

62 Siehe ebd., 218 f.

63 Siehe ebd., 198 f.

64 KrV A 22 / B 37.

65 KrV B 68. – Näheres zu Kants Auffassung über das sich selbst affizierende Gemüt sowie zu einem diesbezüglichen Vergleich mit Reinhold siehe bei Bondeli: Kant über Selbstaffektion.

66 Siehe Reinhold: Beyträge zur Berichtigung bisheriger Mißverständnisse der Philosophen. Erster Band, 249.

schen als auch einen positiven oder affirmativen Begriff der intellektuellen Anschauung. Reinhold teilt auf der einen Seite Kants Kritik an einer intellektuellen Anschauung, die als anschauender Verstand, göttliche Erkenntnis oder als Vermögen, die Dinge als an sich betrachtet zu erkennen, ausgelegt wird. Reinhold kennt auf der anderen Seite aber auch eine intellektuelle Anschauung, die er mit dem besagten Diktum Kants über ein Vermögen des sich mittels des inneren Sinnes selbst oder seine Zustände anschauenden Gemüts in Verbindung bringt und die für ihn nichts anderes ist als ein der Verdeutlichung von Vorstellungen dienendes präreflexives und zugleich selbstreflexives Vermögen des vorstellenden Subjekts. Es sei vorweggenommen, dass Reinhold mit seiner Integration eines neuartigen affirmativen Begriffs von intellektueller Anschauung in den Reflexionsbereich des Erkennens ein Resultat unterbreitet, das Hölderlin, wie vor ihm schon Fichte und Schelling, als besonders lichtvoll und produktiv erachten wird. Allerdings wird dieser Begriff bei den Nachfolgern Reinholds in seiner Bedeutung und Funktion umgehend verändert. Die intellektuelle (oder auch: intellektuale) Anschauung wird hier fortan zum einen – im Gegenzug gegen Kants Kritik an einem solchen Anschauungsvermögen – als ein subjektives oder objektives Erkenntnisorgan höherer Art verstanden, zum anderen – in Anlehnung an Kants im Bereich der ästhetisch-teleologischen Vernunft in Erwägung gezogene regulative Idee eines «*intuitiven*» Verstandes[67] – als ein mit dem Aufsteigen zum Urgrund aller Dinge einhergehendes Vereinigungsideal.

Im Falle des Begehrungsvermögens und der Konzeption der moralisch-praktischen Vernunft gilt es ein Augenmerk darauf zu richten, dass bei Reinhold triebtheoretische und gefühlsmoralische Überlegungen insgesamt stärker und mit anderem Stellenwert zum Ausdruck gelangen als bei Kant. Während sich bei Kant moralische Gefühle auf die Motive sittlichen Handelns und nicht auf die Begründung moralischer Urteile, die allein der moralischen Vernunft in der Form des Sittengesetzes obliegt, beziehen, verzichtet Reinhold nicht darauf, ein moralisches Gefühl anzunehmen, das, da sein Vorhandensein einer Ankündigung des Sittengesetzes im Bereich des *common sense* entsprechen kann, durchaus auch für die Begründung moralischer Urteile relevant sein soll. Und während Kant moralische Gefühle oder Triebfedern

67 Siehe Kant: Gesammelte Schriften, V, 406.

ins Zentrum rückt, die dem Autoritätscharakter des Gesetzes korrespondieren, so die Gefühle der Pflicht und der Achtung, orientiert Reinhold sich vornehmlich an einem moralischen Gefühl, das den Allgemeinheitscharakter des Sittengesetzes spiegelt: an einem Gefühl moralischer Gemeinschaft. Diese Veränderung geht mit der Tatsache einher, dass Reinhold das Sittengesetz in den Zusammenhang eines Formtriebes oder «uneigennützigen Triebes» stellt, der dem Stofftrieb als «eigennützigem Trieb» entgegengesetzt ist.[68] Das Sittengesetz wird hiermit genauer besehen als uneigennütziger Trieb interpretiert und dadurch als ein Gesetz, dem ursprünglich gleichermaßen ein Vernunftdenken der Unparteilichkeit und gesetzmäßigen Verallgemeinerung wie ein sittliches Gefühl der Gemeinschaft und Gerechtigkeit zukommt.

Zu den extraordinären und eigenwilligen Seiten von Reinholds Theorie des Begehrungsvermögens gehört weiter, dass Kants Postulat des höchsten Gutes, das als Ideal der Heiligkeit und eines zu erwartenden Zustandes der Glückseligkeit bestimmt worden ist, mit dem Zusatz wiedergegeben wird, unter dem Primat des uneigennützigen Triebes sei auch dem eigennützigen Trieb sein Recht einzuräumen und so dem «GANZEN *Gute des Menschen*» Genüge zu tun.[69] Mit dieser Forderung, die Reinhold auch als eine durch das Sittengesetz legitimierte Befriedigung der «selbstischen oder der sympathetischen Neigung» verstanden wissen will, als eine Befriedigung, mit der somit «*Pflicht und Neigung sich gleichsam ineinander verlieren*»,[70] soll nicht zuletzt einer rechtmäßigen Vereinigung stoischer und epikureischer Moralideen zugearbeitet werden. Da der uneigennützige Trieb hierbei der Stufe der moralischen Rechtmäßigkeit und nicht jener der Nützlichkeit adäquat ist, hält Reinhold es für erforderlich, das Uneigennützige nicht nur vom Eigennützigen, sondern auch von dem «Gemeinnützigen» abzuheben.[71] Es gilt zu vergegenwärtigen, dass zwar das Sittliche oder Uneigennützige auch gemein-

---

68 Zur Gegenüberstellung dieser beiden Triebe, mit der sich Reinhold in Übereinstimmung mit Kants in der *Grundlegung zur Metaphysik der Sitten* artikulierter Kritik an einem den «guten Willen» vereitelnden Beweggrund des «Eigennutzes» (siehe Kant: Gesammelte Schriften, IV, 391–398) sehen kann, beachte man Reinhold: RGS 2/2, 161–182.

69 Siehe Reinhold: RGS 2/2, 257.

70 Siehe ebd., 263.

71 Siehe ebd., 102.

nützig ist, dass aber nicht alles, was gemeinnützig ist, dem Sittlichen oder Uneigennützigen korrespondiert. Es gibt, mit anderen Worten, ebenfalls ein Gemeinnütziges, das nichts anderes als eine verallgemeinerte Eigennützigkeit oder Klugheit ist. Entscheidend ist deshalb, dass die Gemein- und Eigennützigkeit in Abhängigkeit von der Uneigennützigkeit bestimmt und legitimiert wird. Als Beispiel einer durch die Uneigennützigkeit legitimierten Gemein- und Eigennützigkeit erwähnt Reinhold die unvollkommenen moralischen Pflichten wie insbesondere die Pflicht der Wohltätigkeit. Diesem Beispiel folgend, will er den Einfluss der Uneigennützigkeit oder Sittlichkeit auf die Wohltätigkeit als negativ, den Einfluss der Gemein- und Eigennützigkeit auf die Wohltätigkeit als positiv aufgefasst wissen. Der Sittlichkeit kann man «nur einen *negativen*», das heißt bewahrenden, Konflikte verhindernden, der Klugheit, «wenn sie vom *Glücke* unterstützt wird, hingegen einen positiven Einfluß auf das *Wohlbefinden*» zuerkennen.[72]

Nicht unerwähnt bleiben darf schließlich, dass Reinhold sich seit 1792 mit für den kantischen Moral- und Rechtsdiskurs der 1790er-Jahre richtungweisenden Resultaten zu den Begriffen von Recht allgemein und Freiheit des Willens zu Wort meldet, die sich, wie eigentlich erst 1797, mit der Veröffentlichung der *Metaphysik der Sitten*, kenntlich wird, als unorthodox, von Kant abweichend herausstellen. Reinhold leistet in diesem Bereich nicht zuletzt eine Pionierarbeit gerade auch im Hinblick auf die bei Fichte und Schelling Mitte der 1790er-Jahre ausgearbeiteten Freiheits- und Naturrechtskonzeptionen.

Systematisch gesehen, subsumiert Reinhold die Begriffe von Moral und Recht in engerer Bedeutung unter einen Rechtsbegriff in weiterer Bedeutung, der als das gesetzmäßige sittliche Vermögen generell definiert wird. Der Rechtsbegriff in engerer Bedeutung wird sodann ausgehend von der Idee bestimmt, dass etwas auf der Grundlage des Sittengesetzes weder verboten noch geboten, sondern «bloß *erlaubt* ist».[73] Reinhold stellt demnach das Erlaubte als dritte Kategorie neben das moralisch Gebotene und Verbotene und versteht es als normative Basis des Rechts oder Rechtsverhältnisses, das dadurch seinerseits primär als nicht aufhebbarer Spielraum einer die Gren-

72 Siehe ebd., 103.

73 Siehe ebd., 145.

zen der Moral respektierenden Handlungsfreiheit begriffen wird. Die bei Kant maßgebende Idee eines dem Sittengesetz analogen Rechtsgesetzes wird von Reinhold erst in einem zweiten Schritt in den Überlegungsgang einbezogen. Das Rechtsgesetz wird für ihn dort relevant, wo der Zwangscharakter des Rechts in Betracht kommt. Dabei operiert Reinhold in dieser Sache zunächst noch nicht mit dem Diktum Kants über eine äußere Freiheit unter allgemeinen Gesetzen, sondern mit einem eigens entworfenen Grundsatz, der die Frage eines gerechtfertigten Zwingens betrifft. Nach Reinhold ist dies der «erste Grundsatz des Naturrechts», der lauten soll: «*Du darfst denjenigen, der dich zur bloßen Befriedigung seines eigennützigen Triebes zwingt, durch Zwang abhalten.*»[74] Es wird dafür argumentiert, dass bei ungerechtfertigtem Zwang und nur bei diesem ein Gegenzwang legitim und legal ist, wobei dieser Gegenzwang einem Dürfen und nicht einem Müssen entspricht. Es gibt, mit anderen Worten, keine Pflicht, vom Recht auf Gegenzwang Gebrauch zu machen. Nicht weniger bedeutsam und augenfällig wird in diesem Rahmen Reinholds Bestreben, das Rechtsverhältnis im Sinne einer moralisch erlaubten Befriedigung des eigennützigen Triebes zu begreifen. Der eigennützige Trieb, der nicht Zwang auf andere ausübt, ist rechtskonform. Der im Zusammenhang der unvollkommenen moralischen Pflichten entfaltete Gedanke eines unter dem uneigennützigen Trieb stehenden eigennützigen oder gemeinnützigen Triebes wird von Reinhold somit auch im Bereich des Rechts zur Anwendung gebracht.

Bei alldem ist Reinhold sich der politischen und ideologischen Brisanz seines Beitrags zum Rechtsdenken bewusst. Es wird der Vorrang eines apriorischen oder Vernunftrechts vor allem empirischen, historischen und positiven Recht vertreten. Reinhold gibt sich damit klarerweise als Anhänger des modernen bürgerlichen Rechtsverständnisses zu erkennen. Im Blick auf damalige Tendenzen und Kontroversen befürwortet er grundsätzlich die in den französischen Revolutionsverfassungen aufgestellten Menschenrechte und wendet sich noch vor Kant und Fichte publizistisch gegen konservative Revolutionskritiker wie Justus Möser und August Wilhelm Rehberg, welche die Legitimität von Menschenrechten bestreiten, zumal sie «Mensch» für eine biologische oder religiöse, aber nicht für eine juristische Kategorie hal-

---

74 Siehe ebd., 158.

ten. In seinen Kieler Jahren wird Reinhold zu den Hauptakteuren jener gehören, die damals im Namen eines aufgeklärten Rechtsbewusstseins für die Abschaffung der in Studenten- und Offizierskreisen verbreiteten Praxis des Duellierens eintreten. Reinhold hat diese vorbürgerliche Form der Konfliktregelung stets verschmäht und als Selbstjustiz sowie als fährlässige Tötung bzw. Selbsttötung gebrandmarkt.[75]

Zu seinem vielbeachteten Begriff der Freiheit des Willens gelangt Reinhold wesentlich durch eine zwischen Gesetzgebung und Gesetzesbefolgung unterscheidende Auslegung von Kants Ausführungen zu dem als Freiheitsgesetz behaupteten Sittengesetz. Reinhold stellt hierbei die Auffassung des Wählens von Maximen, die unter der Bedingung eines Verallgemeinerungstests als moralisches Gesetz gelten können, in den Mittelpunkt. Anders als Kant, der in diesem Zusammenhang den Gedanken eines Vermögens, unter Absehung von sinnlichen Antrieben zu agieren, favorisiert, betont Reinhold den Wahl- und Entscheidungsgedanken. Sittengesetz und wählender Wille werden dadurch markant voneinander abgehoben. Definiert wird Freiheit des Willens dementsprechend als das Vermögen der Person, sich durch sich selbst für oder gegen das Sittengesetz zu entscheiden, aus sich selbst heraus «jenes Gesetz zu befolgen oder zu übertreten».[76] Gesagt ist damit gleichfalls, dass nicht nur der Wille, der sich zum Vernünftigen und Sittlichen, sondern auch jener, der sich zum Sinnlichen oder Unsittlichen wendet, frei genannt werden kann: «Der *reine* Wille sowohl als der *unreine* sind daher nichts anderes als die beyden gleich möglichen Handlungsweisen des *freyen* Willens.»[77] Wie wir noch sehen werden, ist für Kant eine solche, die Vorstellung einer Freiheit zum Bösen einschließende Sichtweise eher suspekt. Nicht so für andere unter den damaligen Mitstreitern Reinholds und dabei interessanterweise auch für den späteren Schelling, der sich in der Freiheitsschrift von 1809 augenfällig zu einer lebendigen Freiheit als Vermögen des Guten und des Bösen bekennen wird.

75 Siehe Reinhold: RGS 5/1, 63–72, 213–220.

76 Siehe Reinhold: RGS 2/2, 137.

77 Ebd., 188.

## c) Kernpunkte der Kant-Kritik: Vorstellung, freier Wille und ästhetisches Vergnügen

Neben diesen Komplettierungen und Neugewichtungen muss man in Rechnung ziehen, dass Reinhold – je länger, desto gezielter – darauf aus war, Defizite seines berühmten Lehrmeisters aufzudecken und zu beheben, Kants Philosophie somit zu kritisieren und mit dem eigenen, als überlegen betrachteten System der Elementarphilosophie zu verbessern. In dieser Interventionsrichtung ging es Reinhold hauptsächlich darum, gegen sogenannte unvollständige Bestimmungen und zweifelhafte Argumente in der Theorieentfaltung Kants anzukämpfen. Wir wollen auch zu diesem Strang seiner Auseinandersetzung mit Kant auf aussagekräftige Einzelheiten eingehen und die erheblichsten unter den im damaligen Kant-Diskurs besprochenen Defiziten und daraus entspringenden Verbesserungsvorschlägen benennen.

Reinhold zufolge hat Kant dem Vorstellungsbegriff, indem er diesen sowohl als operativen Begriff seines intentionalen Erkenntnismodells als auch als Gattungsbegriff von Vorstellungsarten des Empfindens, Anschauens, Denkens und Erkennens verwendet hat, in der Sache eine zentrale Stellung eingeräumt. Kant hat deshalb Reinhold gemäß auch sehr richtig gesehen und betont, dass nicht nur die Unterscheidung von Denken und Erkennen, sondern auch der Ausgangspunkt des Vorstellens zu den unentbehrlichen systematischen Pfeilern seiner neuen Denkart gehört. Doch habe Kant diesen Begriff, so Reinholds Kritik, sowohl «unbestimmt gelassen»[78] als auch der extensiven Seite nach nicht konsequent genug zur Geltung gebracht. Kants Vorstellungsbegriff habe weder die nötige Festigkeit noch die erforderliche Tragweite. Das Fundament von Kants Vernunftkritik ist, so in Reinholds Worten, «weder *allgemein* (umfassend) noch auch *fest* genug, um das *ganze wissenschaftliche Gebäude* der Philosophie zu tragen».[79] Dagegen soll nun mit dem Satz des Bewusstseins eine ausreichende Definition des Vorstellungsbegriffs und seiner unmittelbaren Folgebegriffe gegeben sowie die gesamte Palette von Vorstellungsarten, die sich im menschlichen Gemüt

78 Siehe Reinhold: Beyträge zur Berichtigung bisheriger Mißverständnisse der Philosophen. Erster Band, 267.

79 Reinhold: RGS 4, 74.

findet, definitorisch erschlossen werden. Reinhold hält es genau aus diesem Grunde für angebracht, den Vorstellungsbegriff zum Ausgangspunkt eines einzigen und auf einem ersten gemeinsamen Prinzip beruhenden Systems der theoretischen und praktischen Vernunft zu erheben. Gegenüber Kant wird dieses Unternehmen eines Gesamtsystems der Vernunft nicht zuletzt damit gerechtfertigt, dass der Begründer der kritischen Philosophie, wie seinen systemarchitektonischen Einteilungen zu entnehmen sei, bisher offenbar nur die «Kritik» oder «Propädeutik» zu dem kommenden «System der reinen Vernunft» oder System der wissenschaftlichen Metaphysik geliefert habe.[80] Mit der eigenen Elementarphilosophie besteht der Anspruch, Beiträge zu dem betreffenden System selbst vorzulegen. Sie soll nicht mehr eine Propädeutik oder Kritik der Vernunft sein, sondern Bestandteil des Systems der Vernunft als «Wissenschaft des Vorstellungs-, Erkenntniß- und Begehrungsvermögens».[81]

Es versteht sich, dass mit dem derart gefassten Prinzipien- und Systemgedanken eine Vereinheitlichung der gesamten Systembegrifflichkeit einhergeht. In jedem Teil des Systems soll das die Differenz von Umfang und Inhalt des Begriffs respektierende Gesetz der Subsumtion des Besonderen unter das Allgemeine, damit aber auch die Mitpräsenz des Subjekt-Objekt-Verhältnisses und seiner Wesensbestandteile manifest werden. Reinhold verklammert diese Vereinheitlichungsforderung mit der erwähnten Absicht, die antidogmatische Position des von Kant inaugurierten Kritizismus zu stärken. Ähnlich wie später Arthur Schopenhauer erachtet er eine durchgängige Geltendmachung des Vorstellungsbegriffs als die beste Remedur gegen die Anmaßung des Dogmatismus, über eine Erkenntnis der Dinge an sich oder eines Subjekts an sich zu verfügen. Eine tragende Rolle spielt für Reinhold in dieser Sache aber auch die Überlegung, dass mit einem durchgängig bestimmten Vorstellungsbegriff an der Spitze des Systems das ganze Ensemble der Systembegriffe an definitorischer Bestimmtheit gewinnt und dass dadurch Verwirrung und Uneinigkeit stiftende begrifflich-terminologische Mehrdeutigkeiten eliminiert werden können.

80 Siehe KrV A 841 / B 869.

81 Reinhold: RGS 4, 72.

In Anbetracht damaliger Anregungs- und Wirkungsfelder ist es nicht von der Hand zu weisen, dass Reinhold mit seiner vorstellungstheoretischen Vereinheitlichungsforderung jener Denkhaltung zuarbeitet, die, im Gefolge Johann Georg Hamanns und Herders, den kantischen Dualismus von Begriff und Anschauung sowie von rationalem und empirischem Erkenntnisstamm infrage stellt.[82] Begriffliche und anschauliche, rationale und empirische Vorstellungen sollen zwar unterschieden und in ihren Eigentümlichkeiten kenntlich gemacht werden. Da sie Arten von Vorstellungen unter einem definierbaren und definierten Gattungsbegriff der Vorstellung sind, müssen sie jedoch auch als miteinander verbunden, als sich durch ein gemeinsames Merkmal auszeichnend, aufgefasst werden. Allerdings geht Reinhold in diesem Punkt nicht dazu über, einen konsequenten Monismus, wie man ihn bei Fichte, Schelling und Hegel finden wird, zu verfechten. Es wird davon ausgegangen, dass es in den jeweiligen Vorstellungsarten zu einer manifest werdenden Fortsetzung der Struktur der Vorstellung überhaupt kommt. Es wird aber nicht der Anspruch erhoben, dass damit die Vorstellungsarten auch in ihrer spezifischen Differenz erfasst werden. Reinholds Vorstellungsmonismus ist, mit anderen Worten, struktureller und nicht produktiver Natur.

Über ein weiteres gravierendes Manko von Kants Erkenntnislehre spricht Reinhold bei der Kommentierung des transzendentalen Beweises synthetischer Urteile a priori. Im Einklang mit Salomon Maimon argumentierend, beargwöhnt Reinhold, dass Kant bei diesem Beweis, mit dem die objektive Gültigkeit der Kategorien des Verstandes anhand des Prinzips der Ermöglichung von Erfahrung behauptet wird, in unzulässiger Weise ein «Faktum» der «Erfahrung» im Sinne der notwendigen Verknüpfung von Wahrnehmungen voraussetzt.[83] Dies führt, wie Maimon um 1790 als erster festhielt, dazu, dass Kants Beweis bald als zirkulär, bald als unvollständig

82 Zur Kritik am kantischen Dualismus der Erkenntnisstämme beachte man vor allem Hamanns seit den frühen 1780er-Jahren in Freundeskreisen zirkulierende Rezension zu Kants *Kritik der reinen Vernunft.* Sie wird erst 1801 abgedruckt, dies interessanterweise in den von Reinhold herausgegebenen *Beyträgen zur leichtern Uebersicht des Zustandes der Philosophie beym Anfange des 19. Jahrhunderts* (siehe Reinhold: Beyträge zur leichtern Uebersicht. Zweytes Heft, 206–211).

83 Siehe Reinhold: RGS 4, 76f.; siehe auch Reinhold: Beyträge zur Berichtigung bisheriger Mißverständnisse der Philosophen. Erster Band, 333–335.

erscheint.[84] Reinhold befasst sich dabei in erster Linie mit dem Problem der Unvollständigkeit von Kants Beweis. Seines Erachtens hat Kant die vorstellungstheoretische Beweisvoraussetzung vernachlässigt. So habe er nicht darüber gesprochen, dass der transzendentale Beweis nur unter der Voraussetzung geführt werden könne, dass ein Subjekt-Objekt-Verhältnis und die damit einhergehenden Wesensverhältnisse von Form und Stoff, Einheit und Mannigfaltigkeit, Spontaneität und Rezeptivität den Erkenntnisrahmen bilden. Es müsse deshalb aufgewiesen werden, dass das Subjekt-Objekt-Verhältnis ein gegen alle Zweifel gesicherter Ausgangspunkt sei und dass überdies die genannten Wesensverhältnisse tatsächlich mit diesem Grundverhältnis einhergingen. In dieser Hinsicht argumentiert Reinhold dafür, dass es sich bei dem Subjekt-Objekt-Verhältnis um ein in zwei Hinsichten wohlfundiertes Faktum handelt. Erstens lässt sich die Existenz dieses Verhältnisses nicht sinnvoll bezweifeln, nehmen wir dieses doch bei allen unseren Vorstellungen, die wir haben, in Anspruch. Zweitens ist dieses Verhältnis etwas, was man der inhaltlichen Bedeutung oder Grundstruktur nach als gewiss behaupten darf. So ist es evident, dass alle uns bewusst vorliegenden Vorstellungen in einer dreigliedrigen Struktur bestehen. Auszugehen ist hier stets von einem Subjekt oder Vorstellenden, einem Objekt oder Vorzustellenden und einer Vorstellung als beziehendem und unterscheidendem Mittelglied von Subjekt und Objekt. Reinhold nennt von daher den diese Grundstruktur in Worte fassenden Satz des Bewusstseins einen «*durch sich selbst bestimmten Satz*».[85] Und er meint damit letztlich, dass dieser Satz nicht nur wahr und unmittelbar einleuchtend, sondern auch – semantisch gesehen – unmittelbar verständlich und deshalb innerhalb einer Sprachgemeinschaft in hohem Maße konsensfähig sei. Was den Zusammenhang zwischen dem Subjekt-Objekt-Verhältnis und den Wesensverhältnissen betrifft, wird Reinhold nicht umhinkönnen, auf zusätzliche evidente Fakten zu rekurrieren. Denn allein aufgrund des Subjekt-Objekt-Verhältnisses ist noch nicht begreiflich, weshalb dem Subjekt Einheit, Form und Spontaneität, dem Objekt Mannigfaltigkeit,

---

84 Zur Ausformulierung und Beurteilung von Maimons Zirkelvorwurf siehe Bondeli: Apperzeption und Erfahrung, 301–340.

85 Siehe Reinhold: RGS 4, 51.

Stoff sowie ein Gegebensein, das sich in einem rezeptiven Subjektvermögen ausdrückt, zukommen.

Bei seiner Aufstellung von Definitionen zur Kernbegrifflichkeit der praktischen Philosophie verleiht Reinhold seit 1792 der Überzeugung Ausdruck, Kant habe den «bestimmten Weg, der das logische Wesen des Willens enthält, nur erst vorbereitet, keineswegs schon geliefert».[86] Genauer besehen wird Kant hiermit zur Last gelegt, sein Verständnis von Willensfreiheit allzu schwankend und selektiv ausgedrückt und dadurch einen auf kritischer Grundlage erneuerten Determinismus, so namentlich einen Determinismus in der Gestalt einer «Nöthigung durch die praktische Vernunft»,[87] nicht entscheidend in die Schranken gewiesen zu haben. Zur Hauptsache widerspricht Reinhold an dieser Stelle der These des Jenaer Kantianers Carl Christian Erhard Schmid, eine Willensentscheidung zum Sinnlichen oder Unsittlichen sei unfrei, nur eine Willensentscheidung zum Intelligiblen oder Sittlichen könne frei genannt werden. Reinhold distanziert sich von einer solchen, in der damaligen Diskussion unter dem Titel eines «intelligiblen Fatalismus» kursierenden Lesart der Willensfreiheit. Im Gegenzug betont er die gezielt antifatalistische Stoßrichtung seiner Auffassung über die Willensfreiheit als Vermögen, sich für oder gegen das Sittengesetz zu entscheiden. Es wird eingeschärft, dass es bei der richtig verstandenen Willensfreiheit um ein Entscheiden zu tun sei, das nicht durch Gründe (seien diese nun sinnlicher oder intelligibler Natur), sondern lediglich angesichts von Gründen vor sich gehe, somit um ein Entscheiden, das bei aller Prüfung von Gründen und bei aller Abwägung durch Gründe verschiedener Stufe letztlich der Dezision der wollenden Person anheimgestellt sei. Allein unter einer so und nicht anders bestimmten Willensfreiheit, so Reinholds kritische Pointe bei seiner Zurückweisung des intelligiblen Fatalismus, lasse sich in einem angemessenen Sinne über Zurechnung und Verantwortung der wollenden oder volitiv handelnden Person sprechen.

Vor dem Hintergrund klassischer Freiheitstheorien steht Reinhold mit dieser Auffassung in der Nähe einer als Gegenbegriff sowohl zu Zwang als auch zu Notwendigkeit aufgestellten Freiheit der Indifferenz, wie sie einige

86 Siehe Reinhold: RGS 2/2, 186.

87 Siehe ebd., 188.

Jahrzehnte vor seiner Zeit in markanter Weise von Autoren wie Christian August Crusius und Joachim Georg Darjes zum Ausdruck gebracht und als Kontraposition zu der von Leibniz und Wolff behaupteten durchgängigen Gültigkeit des Satzes vom zureichenden Grunde ausbuchstabiert wurde. Was die Weiterentwicklung von Reinholds Verhältnis zu Kant in Bezug auf diesen Fragekomplex betrifft, sieht Reinhold sich mit seiner Haltung in Übereinstimmung mit der Äußerung Kants aus der Schrift *Die Religion innerhalb der Grenzen der bloßen Vernunft* über die als «unerforschlich» und gerade deshalb als «frei» zu bezeichnende Annehmung guter oder böser Maximen,[88] kann aber, da Kant mit einer verbindlicheren Stellungnahme zu seinem Freiheitsverständnis im Bereich der Moral auf sich warten lässt, lange Zeit zu keinem fundierteren Urteil gelangen. Dies ändert sich Anfang 1797 mit dem Erscheinen der *Metaphysik der Sitten*, in der Kant einleitend seine Position zur Frage der Freiheit ausführlich darlegt. Indem Kant eine neuartig klingende Unterscheidung zwischen «Wille», der «weder frei noch unfrei genannt» werden kann, und «Willkür», die allein «*frei* genannt werden» kann,[89] einführt, kommt er nun zwar Reinholds Differenz von Sittengesetz und Wille entgegen. Jedoch gibt Kant gleichzeitig zu verstehen, dass die Willkürfreiheit dennoch nicht als «Vermögen der Wahl, für oder wider das Gesetz zu handeln», sondern in ihrer Haupteigenschaft als Vermögen, «durch keine sinnlichen Bestimmungsgründe zum Handeln genöthiget zu werden»,[90] definiert werden soll. Die keineswegs in Abrede zu stellende Möglichkeit, sich zum Bösen zu entscheiden, soll Kant zufolge besser nicht als Vermögen und insofern als ein Akt der Freiheit kenntlich gemacht werden. Für Reinhold kommt dies einem gleichermaßen befreienden wie schmerzhaften Klärungsakt gleich. Er sieht ein, dass in diesem Punkt ein unüberbrückbarer Dissens besteht und eröffnet daraufhin eine Kontroverse mit Kant, bei der er den Vorwurf des intelligiblen Fatalismus nun auch direkt gegen seinen Lehrmeister richtet.[91]

88 Siehe Kant: Gesammelte Schriften, VI, 21, Anm.

89 Siehe Kant: Gesammelte Schriften, VI, 226.

90 Siehe ebd.

91 Zur Freiheitsdebatte zwischen Kant und Reinhold beachte man insbesondere die Beiträge von Ameriks, Breazeale, Bondeli und Baum in: Stolz, Heinz, Bondeli (Hg.): Wil-

Mit seinem Plädoyer für ein moralisches Gefühl der Gemeinschaft, das aus der Deutung des Sittengesetzes als Forderung eines uneigennützigen Triebes resultiert, setzt Reinhold zwar andere Akzente als Kant, reagiert aber nicht ausdrücklich auf ein Defizit Kants. Die Differenz, die in dieser Sache besteht, wird offenbar für unerheblich gehalten. Sie wird überdeckt durch die übereinstimmende Beantwortung der Frage, ob neben einem moralischen auch ein ästhetisches Gefühl zu den vorzüglichen Triebfedern der Moral gehören kann. Kant und Reinhold äußern beide begründete Zweifel am Projekt einer ästhetisch zu fundierenden Moral. Und auch in Bezug auf mögliche ästhetische Triebfedern besteht eine übereinstimmende Ablehnung. Zu einer ausdrücklichen Spitze gegen Kant werden hingegen Reinholds um 1792 fortgesetzte Einlassungen zum ästhetischen Begriff des Vergnügens. Reinhold ist nicht entgangen, dass Kant in der *Kritik der Urteilskraft* für seine Zwecke den Begriff des «Wohlgefallens» bevorzugt, den Begriff des «Vergnügens» dagegen in polemischer Absicht abgewertet hat. Das Gefühl des Vergnügens wird mit einem bloßen «Genießen» gleichgesetzt, der Sphäre des «Angenehmen» zugeschlagen und damit als unbrauchbar für das Verständnis des ästhetischen Urteilens abgetan.[92] Reinhold hat daraufhin erneut dafür argumentiert, dass das Gefühl des Vergnügens sehr wohl die Grundlage des Geschmacksvermögens ausmachen kann, und Kants Kritik zu entkräften versucht. Dabei wird insbesondere auch die Unterscheidung zwischen einem verallgemeinerbaren, dem ästhetischen Urteilen konformen Gefühl des Wohlgefallens und einem angeblich im Bereich des Privaten verbleibenden Gefühl des Angenehmen als wenig überzeugend zurückgewiesen.[93]

Es bleibt anzufügen, dass diese offenbar weitgehend unbemerkte Kant-kritische Haltung Reinholds in der Frage des Vergnügens zumindest im damaligen Jenaer Schülerkreis nicht folgenlos blieb. Es kam zu Versuchen, den Begriff des Vergnügens als Wurzel der ästhetischen Begriffe des Schönen und Erhabenen zu verstehen. Georg Dreves, ein Schüler Reinholds, verfasste

le, Willkür, Freiheit. Reinholds Freiheitskonzeption im Kontext der Philosophie des 18. Jahrhunderts.

92 Siehe Kant: Gesammelte Schriften, V, 207.

93 Zu Reinholds Replik auf Kant in diesem Punkt siehe Bondeli: Reinhold im Anschluss an Kant über Geschmack, Moral und moralische Religion, 12–23.

1793 anonym eine Abhandlung,[94] in welcher er aufbauend auf die geschmackstheoretischen Studien seines Lehrers und unter Heranziehung von dessen Gattungsbegriff des Vergnügens überhaupt Materialien zu den als Arten des Vergnügens klassifizierten Begriffen des Schönen und Erhabenen kompilierte.[95] Zuvor hatte bereits Reinhold selbst auf ein solches Ansinnen hingedeutet und dabei Kant dafür gerügt, die Analysen zu den Begriffen des Schönen und Erhabenen nicht weit genug getrieben und deshalb die vereinigende Mitte des Schönen und Erhabenen nicht benannt und begrifflich artikuliert zu haben.[96] So ist in Reinholds Besprechung von Kants dritter Kritik zu lesen: «Es fehlt leider! nur an einem *Worte*, um diesen *gemeinschaftlichen* Charakter des Schönen und Erhabenen in *einem Begriffe* festzuhalten.»[97] Nach heutigem Wissensstand ging Reinhold nicht dazu über, diesen Streitpunkt weiter auszureizen. Aber sein Wink blieb nicht unberücksichtigt.

## d) Der Begründer der Elementarphilosophie in der Kritik und im Kontext seines Jenaer Schülerkreises

Kommen wir zurück auf Reinholds Durchführung und Abwandlung seiner seit 1789 in Angriff genommenen Systemidee und betrachten wir einen weiteren richtungweisenden Diskussionspunkt in diesem Bereich. Es ist offensichtlich, dass Reinhold sich mit einer speditiven Ausführung der 1790 aufgestellten Systempläne schwertat. Dies rührte vor allem daher, dass die ersten Ergebnisse seines Systemunterfangens über mehrere Jahre von neodogmatischen, neoempiristischen und neoskeptizistischen Kontrahenten, aber auch

---

94 [Georg Dreves]: Resultate der philosophirenden Vernunft über die Natur des Vergnügens, der Schönheit und des Erhabenen.

95 Siehe Reinhold: RGS 5/1, LXXIf.; Fabbianelli: Einleitung, LXXXVI.

96 Reinhold thematisierte damit vor neuem Hintergrund ein Defizit, auf das damals besonders auch Herder mit Blick auf Kant und Edmund Burke wiederholt hinwies. Im Gegenzug zu Burkes angeblichen Ansichten über einen Gegensatz von Erhabenheit und Schönheit forderte Herder dazu auf, die beiden ästhetischen Empfindungsarten als «Stamm und Aeste Eines Baums» zu begreifen (siehe Herder: Sämtliche Werke, XXII, 240).

97 Reinhold: Beyträge zur Berichtigung bisheriger Mißverständnisse der Philosophen. Zweyter Band, 377.

von Freunden der kantischen Philosophie vehement kritisiert wurden und dass Reinhold dabei stets gewissenhaft auf seine Antipoden zu reagieren bemüht war.

Unzählige Einwürfe rankten sich damals um die These der Unvorstellbarkeit des Dinges an sich. Die These galt, zusammen mit Kants eigenen Erklärungen zur Unerkennbarkeit des Dinges an sich, als Grundpfeiler in der Überwindung von Dogmatismus und Skeptizismus, jedoch auch als eine mit dem Kritizismus neu entstandene Crux. Sie wurde als vertrackt und äußerst erklärungsbedürftig empfunden, sehr bald auch mit Vorwürfen der Inkonsistenz und Unhaltbarkeit überschüttet. Es fehlte nicht an der Empfehlung, sie zugunsten eines konsequenten, monistischen Idealismus oder Subjektivismus aufzugeben. Treibende Kraft war hier Jacobi mit seinem Diktum aus den 1780er-Jahren, der transzendentale Idealist müsse «den Muth haben, den kräftigsten Idealismus, der je gelehrt worden ist, zu behaupten».[98] Und mit dem Auftritt von Fichtes monistischer Ich-Lehre wurde dieser Empfehlung denn auch in einer bestimmten Weise Folge geleistet, das Ding an sich zur Grille erklärt. Was Reinhold angeht, replizierte er auf die gegen ihn und Kant gerichteten Kritiken in dieser Sache mit beträchtlichem Aufwand, sah sich mit der Zeit aber auch neuen Schwierigkeiten in der Rechtfertigung seiner genaueren Ansichten zum Ding an sich und zur vorgeschlagenen Unterscheidung desselben von einem Noumenon ausgesetzt. Eine eliminative Schlussfolgerung im Sinne Jacobis und Fichtes war für ihn dabei lange Zeit keine ernsthafte Option. Erst im Endstadium seiner elementarphilosophischen Phase wurde, wie wir noch sehen werden, eine solche in Erwägung gezogen und am Ende, wenn auch nicht ohne jeden Vorbehalt, befürwortet.

Arg zu schaffen machten Reinhold sehr bald auch die umfassend und effektvoll vorgetragenen und gegen die gesamte kantische Philosophie gerichteten Einwände Gottlob Ernst Schulzes. Und gleichfalls die Kritik von Freunden der kantischen Philosophie, die sich vor allem an den elementarphilosophischen Vorschlägen zur Verbesserung der Vernunftkritik entzündet hatte, beschäftigte Reinhold mehr als ihm lieb sein konnte. Kantianer, die sich eng an die Vorgaben des Meisters hielten und die der selbstdenkende Kantianer Reinhold deshalb gewöhnlich als die «Nachbetenden» unter den

98 Jacobi: Werke, Bd. 2/1, 112.

Anhängern Kants titulierte,[99] sahen Anlass zur Feststellung, die vom Begründer der Elementarphilosophie unternommene Rekonstruktion der Vernunftkritik zeichne sich durch eine allzu zahme metaphysikkritische Stoßrichtung, vor allem aber durch eine verkürzte Wiedergabe der Lehrstücke zur transzendentalen Deduktion aus. Der Versuch, den transzendentalen Beweis auf der Grundlage des Satz des Bewusstseins neu zu führen, wurde als verfehlt oder unnötig beurteilt. Von anderen, sich ebenfalls zur Fraktion der Selbstdenker zählenden Kantianern wurde darauf aufmerksam gemacht, Reinholds vorstellungstheoretische Vereinheitlichungen hätten zur Folge, dass bereits auf der Stufe der sinnlichen Vorstellung des Raumes von einer bestimmten Auffassung von Einheit und einem bestimmten Grad von Spontaneität ausgegangen werde. Dabei sei es fraglich, ob Reinhold hiermit auf eine synoptische Darstellung von Leistungen des Anschauens und der Verstandestätigkeit aus sei oder ob er nicht doch, entgegen seinen Beteuerungen, einen anschauenden Verstand unterstelle. Notorisch gestritten wurde ferner über die Frage, ob sich das im Sinne der Subsumtion des Besonderen unter das Allgemeine zu begreifende Verhältnis von Grundsatz und Folgesätzen im Hinblick auf die verfolgten Definitions- und Begründungsziele überhaupt fruchtbar machen lasse und, falls ja, wie dieses Verhältnis mit einer transzendentalen Begründung kantischen Typs in einen Zusammenhang zu bringen sei.

Ein besonderes Augenmerk innerhalb dieser von Freunden der kantischen Philosophie ausgehenden Diskussionsrichtungen ist auf die kritischen Stellungnahmen aus dem Jenaer Schülerkreis Reinholds zu richten, zu dem neben den erwähnten Niethammer und Forberg gestandene Kantianer wie Johann Benjamin Erhard, aber auch den Geist der Frühromantik repräsentierende Köpfe wie Friedrich von Hardenberg und Jens Baggesen zu rechnen sind.[100] Aus diesem Kreis stammten in der Zeitspanne von 1790 bis 1796 die für Reinhold wohl konstruktivsten Anregungen zu einer fortzusetzenden Reflexion über den Grundlagenteil seines Systems. Anders als bei damaligen orthodoxeren Anhängern Reinholds wie Johann Heinrich Abicht oder

99 Siehe Reinhold: RGS 5/2, 93.

100 Zur Bedeutung Reinholds für die frühromantische Denkströmung und für deren Sonderweg innerhalb des Deutschen Idealismus siehe Frank: Auswege aus dem Deutschen Idealismus, 67–87.

Johannes Neeb blieb allerdings auch hier das Lehrsystem des Meisters von tiefgreifenden Einwänden nicht verschont. Forberg und der nach der Ausbildung am Tübinger Stift vorübergehend Kollegien in Jena besuchende Immanuel Carl Diez[101] äußerten seit 1790 Zweifel an Reinholds zum Teil wenig transparenten Ansichten über das Ableiten von Folgesätzen aus dem Satz des Bewusstseins. Sie machten damit den Begründer der Elementarphilosophie mit der nötigen Empathie auf ein Problem aufmerksam, das ihm kurz zuvor schon andere Mitstreiter, so neben den schon erwähnten Rehberg und Schmid auch der Leipziger Professor Karl Heinrich Heydenreich, sehr harsch und mit Häme vordemonstriert hatten. Unter dem Eindruck der geballten skeptizistischen Attacke Schulzes häuften sich Bemühungen, Reinhold und die kantische Philosophie zwar zu verteidigen, dies jedoch nicht ohne die vorgängige Klärung allgemeiner Fragen über Sinn und Zweck einer grundsatzphilosophischen Revision der kantischen Vernunftkritik. Was ist gewonnen, wenn wir über Kants Prinzip der Apperzeption und praktisches Faktum des Sittengesetzes hinaus auf einen höheren ersten Grundsatz abheben? Nicht nur den Sinn, sondern auch die Möglichkeit eines solchen Höherschreitens ausgehend von Kants «Einheit der Apperception» und «Bewußtseyn der Autonomie» bezweifelte insbesondere Erhard,[102] der Reinhold außerdem die Relevanz eines Verfahrens der «Analysis» für das Erreichen reeller Erkenntnis vor Augen zu führen versuchte.[103]

In zunehmendem Maße wurde schließlich der Gewissheitsanspruch, den Reinhold an seine Systemidee knüpfte, infrage gestellt, wobei der Angriff hier seit 1794 nicht mehr nur Reinhold, sondern auch Fichte galt. Die weichenstellenden Vorstöße in dieser kritisch-skeptischen Richtung unternahm Niethammer mit seinen Eröffnungsbeiträgen zu dem 1795 gegründeten *Philosophischen Journal einer Gesellschaft Teutscher Gelehrten.* Niethammer zufolge gibt es zwar absolut gewisse Grundsätze logischer oder analytischer, jedoch keine absolut gewissen Grundsätze transzendentaler oder syntheti-

101 Zur Rolle von Diez' hauptsächlichen Einwänden gegen Reinhold siehe Diez: Briefwechsel und Kantische Schriften, 898–914; Frank: ‹Unendliche Annäherung›, 396–427.

102 Siehe Erhard an Kant. 15. November 1795 (Kant: Gesammelte Schriften, XII, 15).

103 Siehe Erhard an Niethammer. 19. Mai 1794 (Denkwürdigkeiten des Philosophen und Arztes J. B. Erhard. Hg. von K. A. Varnhagen von Ense. Stuttgart und Tübingen 1830, 396).

scher Natur. Es ist, so Niethammer diesen Punkt resümierend, «in dem ganzen Umfang unseres gesammten Wissens kein Satz zu finden, der die erforderliche apodiktisch unbedingte Gewißheit hätte, um ein solches System des Wissens darauf zu gründen».[104] Der Ansicht Reinholds und Fichtes, es könne einen absolut gewissen Grundsatz geben, der ein transzendentales System des Wissens begründe, wird damit widersprochen. Was man Niethammer gemäß hingegen unterstellen kann und soll, ist eine Idee oder ein Ideal der höchsten Gewissheit. Und von daher kann es seines Erachtens auch eine sinnvolle Aufgabe sein, ausgehend von bestehenden empirischen und apriorischen Erkenntnissen nach höchster Gewissheit, die somit nicht am Anfang, sondern am Ende steht, zu streben. Das Prinzip der Philosophie als transzendentales System des Wissens ist also nicht ein erster absoluter Grundsatz, sondern «eine *Idee*, der wir uns nur mit allmähligen Schritten annähern können», bzw. ein Ziel, «das nur durch *unendliche* Grade der Annäherung erreichbar ist».[105]

Mit dieser Positionierung vertrat Niethammer um 1795 die von Reinhold und Fichte ausgehende Grundsatz- und Systemphilosophie auf einer durch Ergebnisse der transzendentalen Ideenlehre Kants geläuterten Grundlage. Kants Auffassung einer regulativen, systemischen, mit Hypothesen und mit dem Gedanken der Annäherung an eine höchste Gewissheit operierenden Form des Erkennens sollte vollauf berücksichtigt werden. Gleichzeitig nahm Niethammer mit diesem Vorschlag Partei für Reinholds Theorem über das Verhältnis von gesundem Verstand und philosophierender Vernunft. Der von der philosophierenden Vernunft ausgehenden transzendentalen Reflexion soll mit der Stimme des gemeinen Verstandes ein stetiges Korrektiv und Anregungsmedium zur Seite gestellt werden. Vor diesem Hintergrund verteidigte Niethammer interessanterweise den Satz, «*daß überhaupt Erfahrung ist*», als ein «Hauptfactum» des gemeinen Verstandes und insofern als eine nicht sinnvoll zu bezweifelnde Annahme innerhalb jedes Versuchs, syntheti-

104 Niethammer: Von den Ansprüchen des gemeinen Verstandes an die Philosophie, 44 f.

105 Niethammer: Vorbericht über Zweck und Einrichtung dieses Journals, [9].

sche Erkenntnis zu begründen.[106] Er griff damit einen Punkt auf, der in den Bereich des Faktizitäts- oder Zirkelproblems gehört, das Maimon und Reinhold in Auseinandersetzung mit Kants transzendentalem Beweis besprochen hatten. Manche Kritiker wandten offenbar ein, dass im Falle dieses anhand des Argumentes der Ermöglichung von Erfahrung geführten Beweises nicht nur das Faktum einer bestimmten Form von Erfahrung, einer Erfahrung, die in der Gestalt von Sätzen oder Sachverhalten artikuliert ist, sondern auch das Faktum des Stoffs der Erfahrung, das Bestehen von Erfahrung überhaupt, in unzulässiger Weise behauptet werde. Gegen diese letztere Kritik an einem Faktum der Erfahrung wandte Niethammer ein, dass ein Skeptiker, der den Nachweis fordere, dass es Erfahrung überhaupt gebe, gut beraten sei, den Gemeinverstand zu beachten.

Insgesamt war es für Niethammer in dieser Phase ausgemacht, dass weder Reinholds auf dem Satz des Bewusstseins beruhende noch Fichtes von einem sich selbst setzenden Ich ausgehende Grundsatzphilosophie aufrechterhalten werden kann. Damit war für Niethammer aber keineswegs gesagt, dass auch das von Reinhold seit dessen kantischem Denken hochgehaltene System- und Wissenschaftsideal passé sei. Im Gegenteil ließ sich seines Erachtens mit einer transzendentalen Form des Erkennens, bei der zugleich das Verhältnis von Gemeinverstand und philosophierender Vernunft berücksichtigt wird, doch gerade weiterhin und sehr gezielt von erkenntnistheoretischen Resultaten Reinholds ausgehen. Davon abgesehen stand für Niethammer außer Frage, dass die praktische Philosophie seines Jenaer Lehrers, so dessen Beiträge zu Moral, Naturrecht und moralisch-religiöser Aufklärung, nach wie vor als fruchtbarer Anknüpfungspunkt für jede kommende Philosophie anzusehen ist. Wie besonders Erhards moral- und rechtsphilosophische Arbeiten Mitte der 1790er-Jahre bezeugen und wie auch der 1793 veröffentlichte Aufsatz Niethammers *Versuch einer Ableitung des moralischen Gesetzes, aus der Form der reinen Vernunft* belegt, bestand im Schülerkreis Reinholds weitgehend Konsens darüber, dass es an den Ansichten ihres Lehrers aus dem zweiten Band der *Briefe über die Kantische Philosophie* zu den Bestimmungen von Willensfreiheit, Sittengesetz und Recht anzuknüpfen gilt.

106 Siehe Niethammer: Von den Ansprüchen des gemeinen Verstandes an die Philosophie, 23 f.

So bestand bei Niethammer kein Zweifel, dass unser selbstbestimmter Wille, ganz der Grundintention von Reinholds Theorie der Willensfreiheit entsprechend, das Vermögen ist, «sich nach Regeln zu bestimmen, ohne an die Regeln nothwendig gebunden zu sein».[107] Mit dieser Kontinuität in Bezug auf Reinholds praktische Elementarphilosophie standen die Schüler wohl auch hinter der 1795 einsetzenden Initiative ihres Lehrers zur Gründung des moralischen Bundes der Einverstandenen, bildeten die betreffenden Ansichten Reinholds doch so gut wie vollständig die intellektuelle Grundlage dieses sozialen Aufklärungsprojekts.

Was die im Schülerkreis geäußerten Bedenken zur Ableitungsfrage angeht, steht außer Zweifel, dass sie Reinhold in seinen Bemühungen bestärkten, sich konkreter über Modelle und Begriffe des Ableitens aus dem ersten Grundsatz zu verständigen. Bereits 1790 hatte Reinhold sich Gedanken darüber gemacht, dass ein erster Grundsatz erst dann als «wirklicher Grundsatz» behauptet werden darf, wenn er sich als fortsetzungsfähig erweist,[108] was sich aber nur ermitteln lässt, wenn in das progressive Ableitungsmodell zugleich ein regressiver Denkschritt, ein Zurückschließen von Folgesätzen auf den Grundsatz, integriert wird. Mit den Einwänden der Schüler gewann diese regressive Methodenkomponente in Reinholds Begründungsreflexionen fortan an Bedeutung und wurde um 1800 zum Baustein einer neuen System- und Begründungsidee. Auf verhältnismäßig wenig Resonanz stieß bei Reinhold hingegen die Kritik mancher seiner Schüler an dem rigorosen Systemanspruch in der Organisation und Darstellung philosophischen Wissens. Dies umso weniger, als sich diese Kritik um die Mitte der 1790er-Jahre in frühromantischen Kreisen zu einer Infragestellung des seit den Tagen Kants gängigen philosophischen Systemgedankens zuspitzte. Paradigmatisch stand hierfür Friedrich Schlegel mit seiner Parole, es sei «gleich tödlich für den Geist, ein System zu haben, und keins zu haben».[109] Reinhold war zwar stets empfänglich für die Einsicht, dass alles philosophi-

107 Siehe Niethammer: Versuch einer Ableitung des moralischen Gesetzes, aus der Form der reinen Vernunft, 4.

108 Siehe Reinhold: Beyträge zur Berichtigung bisheriger Mißverständnisse der Philosophen. Erster Band, 150.

109 Athenaeum. 1798, Ersten Bandes Zweytes Stück, 15.

sche Wissen nur eine beschränkte Erklärungskraft hat und die Rechte des Glaubens und natürlichen Gewissens respektieren muss, jedoch fern davon, daraus den Schluss zu ziehen, es gelte demnach auch die strengen systematisch-wissenschaftlichen Standards im Bereich des philosophischen Wissens aufzugeben.

## e) Der Übergang zu Fichte und der Aufbruch zu einer neuen Seinsphilosophie

Im Frühjahr 1797 überraschte Reinhold seine Freunde mit der Nachricht, er habe sich entschieden, den elementarphilosophischen Grundlagenteil seines Systems zugunsten der grundsatzphilosophischen Anfangsstruktur aus der Wissenschaftslehre Fichtes aufzugeben. Dieser Wechsel bedeutete, dass nicht mehr von dem Vermögen des Vorstellens und vom Satz des Bewusstseins, sondern vom Subjekt, Ich oder Selbstbewusstsein als erstem Prinzip der Philosophie ausgegangen werden sollte, nicht mehr ein Beziehen und Unterscheiden von Subjekt und Objekt, sondern drei Setzungen des Ich – Setzung, Entgegensetzung und Teilbarsetzung – die Anfangsstruktur des Systems zu bilden hatten.

Dem Entscheid ging ein gut vier Jahre dauerndes zähes Ringen Reinholds mit Fichte voraus. Letzterer hatte sich seit 1794, nach einer Phase der Meditation über die Elementarphilosophie und nach einer anti-skeptizistischen Verteidigung derselben, als wirkungsmächtiger Autor und Lehrer eines Systems der Wissenschaftslehre hervorgetan und bedrängte seinen Jenaer Vorgänger seither mit Einsichten über ein verbessertes und endgültiges nachkantisches System.[110] Auf einen kurzen Nenner gebracht, sollte Reinhold darüber belehrt werden, dass nicht eine Tatsache des Bewusstseins, sondern eine Tathandlung des Ich oder Selbstbewusstseins an der Spitze eines nachkantischen Systems zu stehen habe. Reinhold war sich bereits seit 1792 darüber im Klaren, dass er dem Begriff des Selbstbewusstseins im Gefüge seines bewusstseinstheoretischen Systemfundamentes ein stärkeres Gewicht einräu-

110 Umfassend zu dem gleichermaßen kooperativen wie kritisch-spannungsvollen, sich nach 1800 aber zunehmend abkühlenden Verhältnis zwischen Fichte und Reinhold siehe jetzt: Bondeli, Imhof (Hg.): Reinhold and Fichte in Confrontation.

men musste als zunächst angenommen. Diesem Manko versuchte er unter anderem mit der Einführung von «Thatsachen des *reinen Selbstbewußtseyns*» entgegenzuwirken.[111] Doch sollte diese Einsicht vorerst nichts am Befund ändern, dass es, entgegen der Position Fichtes, einen Vorrang des Bewusstseins vor dem Selbstbewusstsein zu behaupten gilt. Durch die Angriffe Fichtes weiter in die Defensive gedrängt, argumentierte Reinhold zunehmend dafür, dass zwar keinesfalls ein Vorrang des Ich vor dem Bewusstsein anzunehmen, jedoch eine ursprüngliche Verhältnisstruktur von Ich und Bewusstsein als mögliche Option in Erwägung zu ziehen sei. Um Mitte 1795 skizzierte Reinhold, motiviert durch seine Bestrebungen, die Willensfreiheit als Fundament der praktischen Philosophie und das Bewusstsein als Fundament der theoretischen Philosophie miteinander in Einklang zu bringen und derart nun die theoretische und praktische Vernunft als zwei Seiten einer «*Vernunft überhaupt*» zu begreifen,[112] ein neues Grundlagenkonzept zu seinem System. Diesem Konzept zufolge – das nach jenen von 1789/1790 und 1792 als drittes Grundlagenkonzept angesehen werden kann – sollte die «ächte Philosophie» ihrer System- und Aufgabengestalt nach künftig darin bestehen, dass im Zweig der theoretischen Philosophie die «*unbedingten Gesetze des Erkennens*» und im Zweig der praktischen Philosophie das «*unbedingte Gesetz des freyen Wollens*» auf den Begriff zu bringen und als Fundamente anzusehen sind, wobei letztlich aber nicht außer Acht gelassen werden sollte, dass alle diese Gesetze ihre Quelle in «unserem Selbst» haben.[113] Obschon mit diesem Konzept ein unbedingtes Subjekt in den Brennpunkt rückte und von einem Satz des Bewusstseins nicht mehr die Rede war, sollte der Standpunkt des Bewusstseins nicht aufgegeben werden. Reinhold war jedenfalls nicht der Ansicht, die Bewusstseinsstruktur lasse sich als ein Produkt des unbedingten Subjekts begreiflich machen. Im Gegenteil. Eine «Grundwahrheit» der echten Philosophie bestand seines Erachtens nach wie vor darin, dass wir von einer «*Unterscheidung unsres Selbstes* als des *unbedingten* und *freyen Subjektes* der inneren und äußeren Erfahrung – von allen bloßen *Ob-*

111 Siehe Reinhold: Beyträge zur Berichtigung bisheriger Mißverständnisse der Philosophen. Zweyter Band, 61.

112 Siehe Reinhold: RGS 2/2, 52.

113 Siehe Reinhold: RGS 5/1, 32.

*jekten* der äußern Erfahrung» auszugehen haben,[114] von einer Unterscheidung, die uns sehr wohl auch der «gemeine Verstand» durch das «*Selbstbewußtseyn*» anmahnt.[115] Die Differenz von Subjekt und Objekt, die dem Satz des Bewusstseins zufolge zur Grundstruktur des Bewusstseins gehört, sollte also immer noch als irreduzibler Ausgangspunkt im Gesamtkonzept der Philosophie betrachtet werden. Ende 1796 trat genau hier nun aber der Umschwung ein. Reinhold war jetzt der Überzeugung, dass das unbedingte Subjekt in der Struktur der dreifachen Setzung an der Spitze seines kommenden Systems stehen soll.

Wenn man sich vergegenwärtigt, mit welcher Verve Reinhold den Begriff des Bewusstseins im Sinne eines kritizistischen Bollwerks gegen einen Dogmatismus, der die Erkenntnis des Objekts an sich und Subjekts an sich behauptet, in die Waagschale warf, ist sein Übergang zu Fichtes Ich-Monismus, der bedeutet, dass nun der eliminativen Tendenz in der Frage des Dinges an sich zu folgen und auf jeden Fall die Annahme eines Objekts an sich zu tilgen ist, nicht leicht nachvollziehbar. Zudem sind Reinholds eigene Rechtfertigungen seines Übergangs zum Teil dunkel und durch eine übertriebene Entdeckungsrhetorik verklärt. Reinhold spricht über ein ungelöstes Problem, das mit dem «leidigen *Dinge an sich*» zu tun haben soll.[116] Dazu wird umständlich expliziert, dass der bisherige Vorschlag, eine gemäß dem Stammbaum der Ding- und Vorstellungsbegrifflichkeit als «Noumen» oder Idee einzustufende Affektion durch das Ding an sich (Objekt an sich) anzunehmen, aufzugeben sei. Daneben werden in sehr gedrängter Form weitere selbstkritische Erklärungen angeführt, die darauf hinauslaufen, dass in der Elementarphilosophie kein «immanenter Grund» des Transzendentalen und Empirischen, des reinen Ich und des Ich im Bewusstsein sowie des theoretischen und des praktischen Teils der Philosophie gefunden werden konnte.[117] Reinholds Übergang lässt sich nur dann nachvollziehen, wenn man unterstellt, dass für ihn das Bedürfnis, bisher nur vage ausgesprochene Einheitsvorstellungen in der Fundamentalbegrifflichkeit nun endlich in einer struk-

114 Ebd., 31 f.

115 Siehe ebd., 32.

116 Siehe Reinhold: RGS 5/2, 4.

117 Siehe ebd., 4 f., 126 f.

turellen Hinsicht zu artikulieren, dringender wurde als das durchgängige Festhalten an kritizistischen Thesen, die ihrerseits ja ebenfalls nicht ohne systematische Schwierigkeiten blieben. Insbesondere die mit dem neuen Grundlagenkonzept von 1795 dominant gewordenen Gegenüberstellungen von unbedingter Vernunft und bedingtem Verstand, transzendentaler und empirischer Erkenntnis sowie praktischer und theoretischer Vernunft, die alle ihren Grund in einem unbedingten Subjekt haben sollten, wurden zum Stein des Anstoßes. Es lag nahe, diese Gegenüberstellungen nun auch ausgehend von dem unbedingten Subjekt zu konstruieren und dieses damit nicht mehr bloß als überreflexiven, sondern gleichzeitig als zur Reflexion hinführenden ersten Grund anzusehen. Das monistische Profil und die drei ursprünglichen Formen des Setzens aus Fichtes Ich-Lehre erschienen als Schlüssel zur Lösung dieser Aufgabe. Dass aus der Sicht Fichtes ein derart charakterisiertes unbedingtes Subjekt unweigerlich mit dem Ausdruck «Ich» bezeichnet werden sollte, war für Reinhold, der lieber von absoluter Vernunft oder von einer Vernunft überhaupt sprach, nebensächlich.

Die philosophische Gemeinschaft mit Fichte war deswegen, aber auch aus anderen Gründen, nicht sehr solide und auch nicht von langer Dauer. Rund zwei Jahre nach Beginn gab Reinhold bekannt, dass er sich im Theoriegewand der drei obersten Ich-Grundsätze Fichtes nicht heimisch fühle und deshalb eine philosophische Position bevorzuge, mit welcher sowohl Fichtes Standpunkt des «*spekulativen Wissens*» als auch Jacobis Standpunkt der «*lebendigen Ueberzeugung des Gewissens*» angemessen Rechnung getragen werde. Die unterbreitete neue Position sollte zwar nicht als «*Coalitionssystem*», aber doch als ein dritter Standpunkt, der die beiden andern zusammenführt, aufgefasst werden.[118] Für den kurz zuvor des Atheismus bezichtigten Fichte war dieses Zugeständnis Reinholds an Jacobi nicht leicht zu verdauen, dies umso weniger, als Jacobi 1799 in einem berühmten Schreiben an den Wissenschaftslehrer[119] dessen Denkart mit den wenig schmeichelhaften Ausdrücken des Formalismus und Nihilismus bedachte.

118 Siehe Reinhold: Sendschreiben an J. C. Lavater und J. G. Fichte über den Glauben an Gott, 6.

119 Jacobi an Fichte, in: Jacobi: Werke, Bd. 2/1, 187–258.

Unzweifelhaft verweist Reinholds damaliger Schub einer Neuorientierung an Jacobis Glaubensstandpunkt darauf, dass ihn schon während des Übergangs zu Fichte noch ein anderes Problem eindringlich beschäftigte, nämlich ein Problem, das sich um das Verhältnis von Glauben und Wissen dreht. Seit 1786 war Reinhold über gut zehn Jahre der Überzeugung gewesen, die kantische Moraltheologie habe in dieser Sache das letzte Wort gesprochen, in einer endgültigen Weise aufgezeigt, welche Rechte und Ansprüche dem Glauben und dem Wissen zukommen. Jetzt, mit dem Übertritt zu Fichte, wurde dieser Punkt für Reinhold auf einmal wiederum strittig. Dass auf der Grundlage der kritischen Philosophie Kants das Unbedingte oder Gott nur als ein sittliches Postulat und im Bereich der theoretischen Vernunft lediglich als eine regulative Vernunftidee und damit lediglich mit dem Rang einer Als-ob-Existenz gedacht werden kann, wurde auf einmal als störend, unbefriedigend, der Gottesidee unangemessen empfunden. Dies alles rief nun seines Erachtens nach einer neuen, festeren Begründung für einen Glauben an das Dasein Gottes. Reinhold konnte zudem bei seiner Gemeinschaft mit Fichte nicht verhehlen, dass er in dessen System zwar den Vernunftmonismus begrüße, in der Ausgestaltung der praktischen Systemteile aber noch immer ein verkürztes, theoretizistisches Verständnis von moralisch-praktischer Vernunft vorfinde. Aus Reinholds Sicht fehlte es hier in Fichtes Konzeption des absoluten Ich an dem nötigen glaubensphilosophischen Seinsgrund. Von daher kam Reinhold zu der Überzeugung, dass es Fichtes Idee eines vom absoluten Ich ausgehenden Wissens im Verbund mit Jacobis Auffassung über einen Glauben an das absolute Sein, verstanden als ein göttliches Dasein über allem Ich, stark zu machen gilt. Fichtes Vorstellung über die «*moralische Weltordnung*» sollte auf dieser neuen Grundlage als göttlicher Anruf an das moralische «*Ich bin*» und als moralische Verpflichtung gegenüber einem Gott als einem «*allerhöchsten Seyn*, das kein Begrif fassen kann»,[120] ausgelegt werden. Im Blick auf die Frage zu dem leidigen Ding an sich sollte demnach Fichtes eliminativem Vorschlag zum einen gefolgt und ein die Souveränität des Ich-Wissens einschränkendes Ding an sich getilgt werden. Zum anderen aber sollte hier Fichtes Vorschlag auch widersprochen

120 Siehe Reinhold: Sendschreiben an J. C. Lavater und J. G. Fichte über den Glauben an Gott, 71 f.

und ein Ding an sich, das Ausdruck der Begrenzung des Wissens durch den Glauben ist, beibehalten werden. Doch auch diese neue Vermittlungsidee im Verhältnis von Glauben und Wissen war noch nicht das Denkresultat, das Reinhold wiederum über eine längere Phase die nötige innere Sicherheit und Ruhe zu geben vermochte.

Erst um 1800, nach einer erneuten inneren Umwälzung, konnte dies der Fall sein. Reinhold trat in eine philosophische Gemeinschaft mit dem Stuttgarter Professor Christoph Gottfried Bardili und erarbeitete ausgehend von dessen Ende 1799 erschienenem *Grundriß der Ersten Logik*[121] ein System des rationalen Realismus. Im Geiste einer Überwindung aller seiner früheren Denkstadien und, wie sich später herausstellen sollte, als Präludium zu seiner um 1806 einsetzenden sprachphilosophischen und wahrheitstheoretischen Denkperiode, begründete er damit eine weitere namhafte Etappe im Gang der nachkantischen Systemphilosophie. Das erste Prinzip aller Philosophie ist in diesem neuen System nun weder ein Bewusstseinsaxiom noch ein setzendes Ich, sondern ein Eines schlechthin, eine «absolute Identität», die im Blick auf die Relation von Wirklichkeit und Möglichkeit «Sein an sich» und in der Funktion des ersten Systemgrundes «Prius κατ' ἐξοχήν» heißt.[122] An dieses erste Prinzip soll nicht, wie dies insbesondere Jacobi im Spinoza-Büchlein und in der Schrift über David Hume behauptet hatte, lediglich *geglaubt* werden können, zumal es doch das Unnennbare sei. Ebenso wenig ist dieses erste Prinzip ein Grund des Wissens lediglich vor oder über dem Wissen und insofern ein dem Wissen verborgener Grund. Es fungiert vielmehr als Grund, der von dem Bereich des zu denkenden und gedachten Seins sowohl geschieden als auch auf ebendiesen Bereich bezogen ist, sich sowohl dem Bereich des Denkens entzieht als auch in diesem manifestiert. Insofern soll das besagte erste Prinzip nicht bloß geglaubt, sondern gerade auch entschieden *gedacht* werden. Im Hinblick auf die Systemform ist besagtes Prinzip das ursprüngliche und ungeteilte Eine, das sowohl allem zum Grunde liegt als auch sich in allem als Einheit des Vielen und als Ganzheit des Partikulären

121 Auf dem Titelblatt dieses gegen Kant gerichteten, Herder, Schlosser und Nicolai gewidmeten Werks steht allerdings das Erscheinungsjahr 1800.

122 Siehe Reinhold: Beyträge zur leichtern Uebersicht. Zweytes Heft, 180, 199; Drittes Heft, 128, 136.

manifestiert. Die Ausrichtung des Systems des rationalen Realismus, das klarerweise wiederum als ein einziges, einheitliches und aus einem ersten Einheitsgrund verfasstes System zu begreifen ist, ist realistisch und damit erklärtermaßen antiidealistisch und antisubjektivistisch. Der rationale Realismus begreift sich von daher als Antipode der damaligen Hauptsysteme, die entweder – Fichte folgend – das absolute Ich an den Anfang stellen oder – dem Identitätssystem Schellings und Hegels folgend – eine Koalition von absolutem Ich und absoluter Natur, bei der das tätige Ich sich in eine Naturproduktivität dupliziert. Da unter der Ägide des rationalen Realismus ein Denken im emphatischen Sinne, ein «*Denken als Denken*»,[123] zum Ausdruck kommen soll, kann der Ausgang von dem Einen schlechthin aber auch keineswegs einer Rückkehr zu einem ersten Vermögen des Denkens in der Bedeutung des Vorstellens gleichkommen. Denn auszugehen ist von einem Vermögen des Denkens, das sich in seiner primären Äußerung durch eine Grundstruktur der Einheit als Wiederholbarkeit, der Immanenz des Einen im Vielen sowie des Grundseins des Einen angesichts des Vielen auszeichnet. Diese Grundstruktur des Denkens ist als dem intentionalen, als Subjekt-Objekt-Verhältnis konstituierten Vorstellen vorgeordnet aufzufassen. Entgegen dem Begriff eines formalen Denkens, wie er in der damaligen allgemeinen Logik verwendet wird, soll dem besagten Denken im emphatischen Sinne eine Einheit von Denken und Sein attribuiert werden können. Die ursprüngliche Denkstruktur hat, mit anderen Worten, je schon zugleich den Status einer Seinsstruktur. Das Erkennen eines Gegenstandes oder Objekts soll hingegen nicht dem Denken selber, sondern einer Anwendung des Denkens anheimgestellt sein. Auf die Frage, welches Verfahren der Erkenntnisbegründung im Falle dieser Anwendung das angemessene ist, antwortet Reinhold mit einem Vorschlag, der verrät, dass aus der Ableitungsproblematik der ehemaligen Grundsatzphilosophie in einer nun radikalen Weise Lehren gezogen worden sind. Befürwortet wird nun eine Methode des Zurückführens eines ersten, als «vorläufig» und hypothetisch gesetzten und insofern der Bewährung ausgesetzten «Wahren» auf das Prius als das «*Urwahre*».[124] Reinhold erhebt damit seine vormalige analytisch-regressive Methodenkom-

123 Siehe Reinhold: Beyträge zur leichtern Uebersicht. Zweytes Heft, 179 f.

124 Siehe Reinhold: Beyträge zur leichtern Uebersicht. Erstes Heft, 71.

ponente zum Kernstück seines jetzt auch ausdrücklich als «Analysis» benannten Begründungsmodells. Die zuvor im Fokus stehende Bewusstseinsstruktur setzt sich interessanterweise in einer modifizierten Gestalt und mit einer veränderten Funktion fort. Der Gedanke, wonach sich Subjekt und Objekt aufeinander beziehen und zugleich voneinander unterscheiden, dient Reinhold jetzt als Explikationsbasis eines wahrheitstheoretischen Verfahrens, das Hegels Ausführungen zur Wahrheit des Wissens aus der Einleitung zur *Phänomenologie des Geistes* vorwegnimmt.[125]

Durchschlagend und mit verstärkter Gewichtung zum Vorschein kommt mit dieser Neuausrichtung der zuvor bei der Unterscheidung von analytischem und synthetischem Urteil geäußerte Gedanke, wonach es in unserem Universum ursprünglich Verbindbares und ursprünglich Trennbares gibt. Dieser Gedanke kehrt in der Form und mit dem Anspruch eines ontologischen Urverhältnisses wieder. Reinhold favorisiert nach 1800 in all seinen Systementwürfen ein Anfangsaxiom, demzufolge das Eine als das Untrennbare und Nicht-Widersprüchliche sowohl in Differenz zu und damit über allem Verschiedenen, Trennbaren und Widersprüchlichen steht als auch in einem ursprünglichen, nicht fälschlich als Mischung auszulegenden Zusammenhang mit dem Verschiedenen, Trennbarem und Widersprüchlichen. Von 1806 bis zu seinem Tode 1823 unternimmt Reinhold es konsequent, ausgehend von diesem ontologischen Anfangsaxiom eine sprach- und wahrheitstheoretische Systematik zu entfalten. Es entsteht das Programm einer Synonymik, in dem sich Motive einer semantisch gereinigten philosophischen Grundterminologie mit dem Ideal einer göttlichen Sprache verbinden. Die Wahrheitsfrage wird, gleichsam Heideggers Hinwendung zu einem Wesen der Wahrheit antizipierend, im Hinblick auf eine Erschließung der Bedeutung von «*Wahrheit überhaupt*» beantwortet.[126] Reinhold argumentiert dafür, dass als Träger der Wahrheit zwar durchaus das gesprochene Wort in der Form eines Satzes zu gelten hat, dass der Ort oder Grund der Wahrheit aber das allen Schein von sich abhaltende, von der Vorstellung

125 Näheres zu diesem Verfahren und zur Behauptung, dass es eine naheliegende Anregungsquelle für Hegels Konzept über Wahrheit des Wissens darstellt, siehe Bondeli: Hegel und Reinhold, 73–78.

126 Siehe Reinhold: Die alte Frage: Was ist die Wahrheit?, 11.

nicht einholbare und dennoch auszusprechende Sein, das Sein schlechthin, ist. Mit Blick auf eine hierzu passende Wahrheitsdefinition soll deshalb Wahrheit nicht mehr als Übereinstimmung von Vorstellung und Gegenstand, Vorstellung und Sein gefasst werden. Wahrheit soll vielmehr «*Uebereinstimmung des Seyns mit sich selbst*» heißen.[127]

Es darf am Ende nicht unerwähnt bleiben, dass der Kieler Professor im Anschluss an seine Jenaer Grundsatzphilosophie und sein Symphilosophieren mit Fichte und Jacobi nun um 1800, mit der Verteidigung und Ausarbeitung des rationalen Realismus, zu einer Denkformation gelangte, die in einen Zusammenhang mit den philosophischen Anfängen Hölderlins, Hegels und Schellings zu stellen ist. Reinholds Anreger und Mitstreiter Bardili ist wie die drei bekannten Freunde ein Abgänger des Tübinger Stifts und außerdem ein entfernter Verwandter Schellings. Neun Jahre älter als Hölderlin und Hegel, hatte er am Stift bei dem für seine Reform der Syllogistik und seine Parteinahme für eine Urteilstheorie der Identität bekannten Philosophen und Mathematiker Gottfried Ploucquet[128] studiert und danach am Stift als Tutor, später an der Stuttgarter Karlsschule als Professor gewirkt. Mit dem *Grundriß der Ersten Logik* entfaltete er ein über eine längere Zeitperiode zur Reife gebrachtes System, das augenfällige Verwurzelungen in der von Ploucquet beförderten Erneuerung von Leibniz' Monadologie und Universalmathematik sowie in einer pythagoreisch-platonischen Denktradition Tübingens aufweist. Was die Verbindung mit letzterer betrifft, machte Bardili sich in den späten 1780er-Jahren eigens als Neuübersetzer und Interpret pseudo-pythagoreischer Quellen einen Namen.

Bedingt durch diese und weitere typische Tübinger Denkvoraussetzungen, die sich in Bardilis Hauptwerk spiegeln, bestehen unverkennbare Affinitäten mit Grundannahmen von Schellings und Hegels ab 1800 entfaltetem Identitätssystem. In beiden Richtungen bildet eine absolute Identität die Systemgrundlage, ein ursprüngliches Verhältnis von Einheit und Vielheit, Identität und Differenz die Primärstruktur einer sich über potenzartige Stufen der Natur und des Geistes produzierenden Systemdynamik. In beiden Richtun-

127 Siehe ebd., 22.

128 Zu Ploucquet als originellem Logiker sowie als Metaphysiker im Gefolge Wolffs siehe Aner: Gottfried Ploucquets Leben und Lehren.

gen kommt es, wenn auch nicht mit dem gleichen Resultat, zu einer von seins- und naturphilosophischen Ressourcen ausgehenden Kritik an Fichtes Ich-Philosophie. Zudem operiert Bardili – und ihm folgend Reinhold – bei seinen Erklärungen zu einem schöpfungsähnlichen Übergang vom Denken zur Materie mit der auch aus Texten Hölderlins und Hegels ab Mitte der 1790er-Jahre bekannten Auffassung einer ursprünglichen Teilung des unteilbaren Einen, einer Teilung, die sich im logischen Urteil abbilden soll. Bardili spricht über diesen Zusammenhang im Bereich des angewandten Denkens und unterbreitet dazu eine eigentümliche «Ur-theilungs- oder Objekt-lehre»,[129] Reinhold seinerseits beschreibt im Anschluss daran die Disjunktion von Denken und angewandtem Denken als «Urtheilung (Divisio originaria Objecti)».[130] Die genannte Urteilstheorie der Identität bei Ploucquet, bei der – entgegen der gewöhnlichen Annahme, dass sich Subjekt und Prädikat zueinander wie Einzelnes und Allgemeines verhalten – davon ausgegangen wird, dass das Prädikat als quantifizierender Faktor des Subjektumfangs zu lesen ist,[131] dürfte bei diesem Theorem der Ur-Teilung durchaus einen Hintergrund bilden.

Aus der damaligen Innensicht der beiden Fraktionen wurden die Gemeinsamkeiten in ihren Systemvorhaben zum Teil kaschiert oder bestritten, was vor allem aus ideologischen Gründen und Bedürfnissen der Profilierung geschah. Ein mit der nötigen Distanz vorgenommener Vergleich wird darauf hinauslaufen, dass eine sachliche Differenz nicht eigentlich im Systemgedanken, sondern in der Begriffsdynamik und im näheren Verständnis von absoluter Einheit besteht. Bei Bardili und Reinhold hat der begriffliche Fortgang eine subordinierend-evolutionäre, bei Schelling und insbesondere bei Hegel hingegen eine antinomisch-dialektische Struktur. Bardili und Reinhold verstehen unter absoluter Einheit eine «ratio absoluta», ein «*Urverhältniß*» von Denken und Materie,[132] Schelling und Hegel dagegen eine

129 Siehe Bardili: Grundriß der Ersten Logik, 19, 67.

130 Siehe Reinhold: Beyträge zur leichtern Uebersicht. Zweytes Heft, 189.

131 Zu Ploucquets Urteilslehre, die demnach andere Schwerpunkte setzt als die kantische, bei der das Verhältnis von Subjekt und Prädikat nach dem Verhältnis von einerseits Anschauung, Einzelnem und andererseits Begriff, Allgemeinem bestimmt ist, konsultiere man Aner: Gottfried Ploucquets Leben und Lehren, 17–20.

132 Siehe Reinhold: Beyträge zur leichtern Uebersicht. Sechstes Heft, 24.

überrelationale Vernunfteinheit. Beide Seiten bezichtigen deshalb einander auf der Basis ihres Einheitsverständnisses eines bald offenen, bald versteckten Dualismus. Alles in allem ändern diese Differenzen nichts daran, dass Reinholds Aneignung von Bardilis *Grundriß der Ersten Logik* einer von einer wohlelaborierten Gestalt des Jenaer Kantianismus ausgehenden Zuwendung zur Tübinger Seins- und Vereinigungsphilosophie gleichkam.

# 2. Hölderlin vor dem Hintergrund der Philosophie Reinholds

Der Versuch, Hölderlin in eine Beziehung zu Reinhold zu bringen, mag befremden, haben wir es doch nicht nur mit unterschiedlichen denkerischen Profilen zu tun, sondern auch mit markant miteinander kontrastierenden Schaffens- und Lebenswegen. Dort der akademisch erfolgreiche, sozial und familiär gut situierte, sich in späteren Jahren zwar etwas verkannt fühlende, dennoch alles in allem seine Erfüllung, Zufriedenheit und Wertschätzung findende Jenaer und Kieler Professor der Philosophie, hier der zu einer jüngeren Generation gehörende genialische Dichter und Denker, der sich nach einer Ausbildung zum Theologen im protestantischen Herzogtum Württemberg mühevoll als Hauslehrer, Journalmitarbeiter, Übersetzer und Bibliothekar über Wasser hielt, in Jena Fichte hörte und dabei philosophische Pläne schmiedete, mit denen er zwar im Freundeskreis zu reüssieren vermochte, in beruflicher Hinsicht aber scheiterte, der ein dichterisches Werk entfachte, das erst posthum richtig Feuer fangen sollte, der von Enttäuschungen, widrigen Umständen und Schicksalsschlägen immer stärker gequält und gedemütigt wurde und schließlich seine zweite Lebenshälfte nur noch in einem Zustand seelischer Dämmerung fortsetzen konnte. Auch die Wirkungsgeschichte der beiden zeigt nicht viel Verbindendes, wobei hier freilich die «Erfolgsbilanz» unter umgekehrten Vorzeichen steht. Die Nachwelt ließ Hölderlin in grandioser Weise auferstehen, erhob ihn bald zum enigmatischen, bald zum gefeierten vaterländischen und anarchisch-subversiven Dichter, Reinhold dagegen geriet nach seinem Tode in Vergessenheit und wird erst seit kurzer Zeit von Freunden der Philosophie Kants und des Deutschen Idealismus wiederentdeckt und rehabilitiert. Aber es gibt eine Sphäre, in der sich das literarisch-denkerische Schaffen der beiden überschneidet und die etwas Elektrisierendes hat. Die beiden Protagonisten begegnen sich im Bemühen eines intensiven und vielschichtigen, mit großen Erwartungen, Hoffnungen, Neuorientierungen wie schließlich auch Enttäuschungen einhergehenden Philosophierens mit Kant und über Kant hinaus. Beide sind engagierte Köpfe eines aufgeklärten Denkens, das sich vornehmlich in einem Bund Gleichgesinnter formierte und fortentwickelte. Die Tatsache, dass Reinhold sich nach einer längeren Periode kantischen Philosophierens um 1800 mit einer seins- und einheitsphilosophischen Prinzipienidee zu Wort meldete, die sich zuvor in Tübinger Stiftskreisen und seit Mitte der 1790er-Jahre besonders auch bei Hölderlin in Verbindung mit seinem Kant-Interesse herausbildete, rückt für uns die beiden Geistesgestalten im Rückblick in eine nachgerade bemerkenswerte und auf den ersten Blick kaum vermutete denkerische Nähe. Man kann sich gut vorstellen, dass Hölderlin als Anhänger der in Jacobis Spinoza-Büchlein ausgesprochenen Losung, das größte Verdienst des philosophischen Forschers bestehe im Bestreben, «*Daseyn* zu enthüllen, und zu offenbaren»,[133] sowie als augenfälliger Verfechter der Ansicht, das unteilbare Sein schlechthin sei der Dreh- und Angelpunkt des Philosophierens, Reinholds 1799 durch Jacobi mitbeförderte Befürwortung eines neuartigen Denksystems, bei dem wir im Medium des Glaubens auf ein allerhöchstes Sein geführt und im Bereich des Erkennens von einem «Prius κατ' ἐξοχήν» angeleitet werden, mit Interesse und Sympathie verfolgt hat. Allerdings deutet kaum etwas darauf, dass Hölderlin sich mit diesem späteren Denkstadium Reinholds noch befasste. Den bestehenden Quellen und Texten zufolge kannte und rezipierte Hölderlin den Reinhold des elementarphilosophischen Systems. Von einer Überschneidung, bei der zugleich ein Einfluss Reinholds auf Hölderlin ins Auge gefasst werden kann, lässt sich somit nur innerhalb ebendieses Bereichs sprechen. Wir wollen uns deshalb im Folgenden auf Hölderlins Bezug zum Elementarphilosophen Reinhold und zum Jenaer Kontext Reinholds konzentrieren und werden nur am Rande einen Blick auf die spätere, offenbar durch Denkvoraussetzungen und Neuformierungen allgemeiner Art bedingte Übereinstimmung werfen.

133 Siehe Jacobi: Werke, Bd. 1/1, 29. – Dieses Diktum Jacobis steht am Schluss einer von Hölderlin Ende 1790 angefertigten Zusammenstellung von Kernaussagen aus dem Spinoza-Büchlein. Siehe Hölderlin: StA IV, 210 [BA III, 43].

## a) Der Anschluss an eine kantisch-reinholdische Denklage

In Hölderlins Denkanfängen spiegelt sich ein wirksam bleibendes Konvolut damaliger intellektueller Strömungen, Streitsachen, kritischer Haltungen und Erneuerungsideen.[134] Durch die familiäre Herkunft bestand von früh an eine Prägung durch den Schwäbischen Pietismus. Und es war von daher kein Zufall, dass der für religiöse und ästhetische Herzensangelegenheiten empfängliche und intellektuell begabte Sohn eine theologische Laufbahn einschlug. Die hierfür entscheidenden Ausbildungsjahre verbrachte Hölderlin am herzoglichen Stift in Tübingen. In diese Zeit fiel seine Bekanntschaft mit den später philosophische Berühmtheit erlangenden Hegel und Schelling. Die drei Freunde teilten ihre Erfahrungen, Ideen und Erwartungen. Eine sehr enge Verbindung unterhielt Hölderlin zum gleichaltrigen Hegel, die sich denn auch nach einem Unterbruch in gemeinsamen Frankfurter Hauslehrerjahren fortzusetzen vermochte.[135]

Die Lehre am Tübinger Stift bot dem angehenden Theologen zuweilen wenig Denkfreiheit und Anregung. Umso erfreulicher fiel das seelenerhebende, dem ästhetischen Sinn gewogene und zur Begeisterung für die Welt der griechischen Dichtung und Mythologie beitragende Studium platonischer und neuplatonischer Quellen aus.[136] Einen nachhaltigen und lichtvollen Eindruck hinterließen zudem die seit Mitte der 1780er-Jahre ausgefochtenen Debatten um den künftigen Weg einer aufgeklärten Vernunft, so der von uns im Zusammenhang von Reinholds *Briefen über die Kantische Philosophie* erwähnte Streit zwischen Jacobi und Mendelssohn um das Erbe Lessings und um den angeblichen Fatalismus, Atheismus oder Akosmismus der Lehre Spinozas, so auch die von Reinhold mitbestimmte Kontroverse zwischen Kant und Herder zur Frage, ob und wieweit wir die in unserem Denkvermögen existierende Vernunft nicht nur zur Darstellung von Geschichte und Natur verwenden, sondern auch diesen Sphären selbst als innere Dynamik zuschreiben dürfen. Sie weckten in Hölderlin als innovativem und zeitkriti-

134 Zu damaligen Einflüssen Kants, Platons, Jacobis und des Spinozismus auf Hölderlin siehe Henrich: Der Grund im Bewußtsein, 146–185.

135 Umfassend Auskunft über die philosophische Gemeinschaft zwischen Hölderlin und Hegel während der Frankfurter Zeit gibt Jamme: «Ein ungelehrtes Buch».

136 Zu Hölderlins früher Platon-Lektüre siehe Franz: Tübinger Platonismus, 75–93.

schem Geist der jüngeren Generation ein Interesse gleichermaßen an Spinozas pantheistischem Denken wie an Jacobis theistisch ausgerichteter Seins- und Glaubensphilosophie, führten zum Bemühen, sowohl Kants transzendentaler und kritischer als auch Herders sensualistisch und historisch geläuterter Vernunftform gerecht zu werden. Schließlich war es die Philosophie Kants, die zum eigentlichen zündenden Funken innerhalb des gesamten Aufklärungs- und Erneuerungsstrebens wurde. Ihre Kritik an der bisherigen Metaphysik und ihre moraltheologischen Resultate erlaubten es, als veraltet oder falsch empfundene orthodox-theologische Ansichten zu verabschieden. Und mit ihrem Postulat einer künftigen sittlichen Welt entsprach die kantische Philosophie auch ganz dem durch die aktuellen Nachrichten aus Paris angefeuerten revolutionären Zeitgeist. Reinhold mit seinen *Briefen über die Kantische Philosophie* wurde als Speerspitze dieser kritisch-revolutionären Strömung wahrgenommen. Sein philosophischer Erneuerungsgeist rief in Hölderlin, wie auch nachweislich in Hegel und Schelling, die Idee auf den Plan, dass es einer wirkungsmächtigen, an Resultate Kants anschließenden philosophischen Bewegung bedarf. Erinnert sei hier an die für die damalige Stimmungslage treffliche Aussage des Berner Hegel, er erwarte eine «Revolution in Deutschland», die von der «höchsten Vollendung» des «Kantischen Systems» ausgehen werde.[137]

Hölderlin schloss dabei an die Philosophie Kants und Reinholds, mit der er teils durch eigene Lektüre, teils durch Vermittlungen durch Tübinger Lehrer wie Johann Friedrich Flatt in Berührung kam,[138] nicht in der Absicht an, ein kantisches oder nachkantisches System auszubilden.[139] Es ging ihm darum, auf der Grundlage von Kants Philosophie der Freiheit und Sittlich-

137 Siehe Briefe von und an Hegel, Bd. 1, 23.

138 Siehe Hölderlin-Handbuch, 64–66. Flatt vermittelte Kants *Kritik der reinen Vernunft* im Rahmen seiner Vorlesung über Metaphysik. Man beachte dazu die Klüpfel-Nachschrift zur Vorlesung Flatts über Metaphysik vom Sommerhalb-Jahr 1790 (Flatt: Philosophische Vorlesungen 1790, 313–447).

139 Hoffmeister (Hölderlin und die Philosophie, 148) bemerkt nicht zu Unrecht: «Hölderlin hat nie ein ‹System› gehabt oder haben wollen.» Allerdings hatte Hölderlin, und dies wohl am stärksten in seiner Jenaer Zeit, philosophische Konzepte, die für die Grundlagendebatte der damaligen Systemphilosophie nicht unwichtig und insofern systemphilosophisch anschlussfähig waren.

keit und unter der Einbeziehung von Vereinigungsideen der alten Griechen für religiöse, ästhetische und erzieherische Aufklärung zu streiten, dies in der Schwebe zwischen philosophischen und dichterischen Ambitionen und in der Überzeugung, dass das eigentliche Lebenselixier der Philosophie die herzensreine Religion und göttliche Dichtkunst ist. Dieser Lage und Haltung entsprechend, befand sich Hölderlin gegen Ende seines Tübinger Studiums sowohl auf dem Weg der Abfassung erster Abschnitte des Briefromans *Hyperion* als auch auf dem Sprung, eingehender in einen postkantischen Diskurs philosophisch-ästhetischer Richtung einzugreifen, einen Diskurs, in dem damals zunehmend Schiller den Ton angab. Hölderlin stand damit in einiger Distanz zu Reinhold, der sich seit 1787 professionell und mit einem ausgeprägten Systeminteresse der kantischen Philosophie widmete und bald darauf als Exponent einer «Philosophie überhaupt» in Szene setzte. Dennoch können wir hinsichtlich der generellen Interessenlage und der grundsätzlichen Denkziele auf unverkennbare Affinitäten zwischen Hölderlin und Reinhold aufmerksam machen. Wie wir erwähnt haben, verkörpert Reinhold neben dem profilierten neueren System- und Schulphilosophen den prototypischen Aufklärer, der auf moralisch-religiöse Erneuerung aus ist, zu diesem Zwecke die Brücke zu den schönen Künsten und Wissenschaften schlägt und nichts unversucht lässt, sich auf dieser intellektuellen Grundlage mit Gleichgesinnten zu organisieren. Zudem ist Reinhold ein origineller Kantianer, ein Selbstdenker und kein Nachbeter. Sein Beharren auf einer korrekten Auslegung der Texte Kants hindert nicht an einem schöpferischen Umgang mit dem vernunftkritischen System. Sein vorstellungstheoretischer Ansatz und insbesondere die hierfür typischen Gegenüberstellungen von Subjekt, Form, Spontaneität einerseits, Objekt, Stoff und Rezeptivität andererseits können dabei auch den Philosophendichter oder Dichterphilosophen, der sich nicht in das gesamte System des Vorstellungsvermögens hineindenken möchte, befriedigen. Sie werfen Licht auf ein Denkaxiom, das gleichfalls für den kompositorischen und Geschmacksurteile fällenden Stoff- und Weltbezug des Künstlers und ästhetischen Denkers von Belang ist. Die in Reinholds praktischem Denken entfaltete Trieblehre und die daraus extrapolierten Vorstellungen von Freiheit, Naturrecht, Überwindung von Zwang und Not, Ausbildung moralischer Gemeinschaft sind zudem anregend und wegweisend für ein breiteres an Methoden des Aufklärens und an der Gründung von Aufklärungszirkeln interessiertes Gelehrtenpublikum. Und nicht zu vergessen ist, dass Reinhold eine philosophiehistorisch reflektierte kantische Lehre vorträgt und sich so auch für jene als attraktiv darbietet, die auf Vergleiche und produktive ideelle Zusammenführungen der neuesten deutschen Philosophie mit der Epoche Platons aus sind.

### b) Im Einflussbereich eines moralisch-ästhetischen Aufklärungs- und Vorstellungsdenkens. Schiller und Reinhold

Aufgrund brieflicher Mitteilungen ist bekannt, dass Reinhold in der Rolle des moralisch-ästhetischen Aufklärers und Vorstellungstheoretikers die am Ende der 1780er-Jahre anhebende Kant-Rezeption Friedrich Schillers mitbefördert hat.[140] Angeblich «horcht» Schiller am Anfang seiner Beschäftigung mit Kant dessen Lehren direkt aus Reinholds «Mund».[141] Der seit 1789 vorübergehend in Jena Universalgeschichte dozierende Schiller hat sich zudem wiederholt auf Schriften und Lehrstücke Reinholds bezogen, manche gedanklichen Vorlagen Reinholds übernommen und für seine Zwecke transformiert. Schillers Antrittsrede in Jena ist voll von Anspielungen auf Äußerungen Reinholds zu den wohltätigen Einflüssen der Geschmacksbildung auf Wissenschaft und Sittlichkeit, Schillers Aufsatz *Die Sendung Moses* geradezu eine Nachdichtung von Reinholds Freimaurerschrift *Die Hebräischen Mysterien.*

Aus Textvergleichen geht unverkennbar hervor, dass Schiller ebenso mit seinem anthropologisch-pädagogischen Ansatz aus der von 1793 stammenden Abhandlung *Ueber Anmut und Würde* und aus der 1795 in den *Horen* veröffentlichten Briefereihe *Ueber die ästhetische Erziehung des Menschen* eine Thematik Reinholds aufgreift. Reinholds triebtheoretisch artikuliertes Verhältnis von einerseits Form, Einheit und Spontaneität und andererseits Stoff, Mannigfaltigkeit und Rezeptivität hat Schiller offenbar als Inspirationsquelle gedient. Man darf behaupten, dass an der Wiege von Schillers Räsonnements über Form-, Stoff- und Spieltrieb nicht, wie man meinen könnte

140 Man beachte dazu die Übersichten bei Roehr: Zum Einfluss K. L. Reinholds auf Schillers Kant-Rezeption, 105–121; Henrich: Schillers Denken im Spannungsfeld der Jenaer Konstellation, 117–121.

141 Vgl. Reinhold an Kant. 14. Juni 1789 (Kant: Gesammelte Schriften, XI, 62).

und wie in der Interpretation gemeinhin betont wird, Kants ästhetische Vorstellung eines «*freien Spiels* der Erkenntnißvermögen»[142] aus der *Kritik der Urteilskraft* und Fichtes Analysen zu einem «*Trieb nach Wechselbestimmung*»[143] aus dem praktischen Teil der *Grundlage der gesammten Wissenschaftslehre* stehen, sondern vielmehr die Skizzierungen zum Form- und Stofftrieb aus Reinholds Theorie des Begehrungsvermögens. Nicht weniger auffällig erinnern die von Schiller im selben Rahmen unternommenen Darstellungen zu den Freiheitsarten an die von Reinhold 1792 ausgeführte Theorie der Willensfreiheit. Wie für Reinhold ist für Schiller die Freiheit sowohl im Allgemeinen eine Wesenseigenschaft des menschlichen Moral- und Vernunftvermögens, eine Wesenseigenschaft, die den Menschen von leblosen Dingen und von einer bloß tierischen Natur abhebt, als auch im Besonderen das Vermögen des als intelligibel-sinnliches Doppelwesen zu begreifenden Menschen, unabhängig zwischen zwei Trieben zu wählen und sich aus sich selbst für den einen oder anderen zu entscheiden. Der menschliche Wille, so Schiller summarisch zu der zweiten Bestimmung, ist «als ein übersinnliches Vermögen weder dem Gesetz der Natur, noch dem Gesetz der Vernunft, so unterworfen [...], daß ihm nicht vollkommen freye Wahl bliebe, sich entweder nach diesem oder nach jenem zu richten».[144] Im Blick auf das Verhältnis der beiden Grundtriebe von Stoff und Form kann dementsprechend von Freiheit erst dort die Rede sein, wo der «Wille» aufgrund glücklicher Umstände völlig unabhängig, «eine vollkommene Freyheit zwischen beyden» und dadurch diejenige Instanz ist, die «sich gegen beyde Triebe als eine *Macht* (als Grund der Wirklichkeit) verhält».[145]

Während Reinhold nur marginal über die Frage einer Einheit von Form- und Stofftrieb nachdenkt und zu diesem Zwecke eine dem Menschen in seiner Ganzheit und höchsten Güte förderliche Wechselwirkung der Triebe ins Auge fasst, setzt Schiller nun allerdings andere Akzente. Schiller hält eine Vereinigung der beiden Triebe für ein zentrales Desiderat. Dabei kommt er bekanntermaßen zu dem Schluss, dass die beiden Grundtriebe kraft eines

142 Kant: Gesammelte Schriften, V, 217.

143 Fichte: Gesamtausgabe, I/2, 449.

144 Schiller: Neue Thalia, 1793, Bd. 3, II, 193.

145 Schiller: Die Horen, 1795, 6. Stück, 58.

neu erweckten dritten Triebes, des als ästhetische Mitte geltenden Spieltriebes, in Harmonie zu bringen sind. Und erst dieser dritte Trieb kann Schiller zufolge zu der richtigen Vorstellung eines sich in seinen Fähigkeiten ganzheitlich entfaltenden Menschen führen. Der Mensch *«ist nur da ganz Mensch, wo er spielt»*.[146] Im Zeichen einer Befürwortung dieses dritten Triebes konkretisiert Schiller sodann auch seine Sichtweise über die in Freiheit zwischen den verschiedenen Trieben wählende Person. Diese kann und soll sich für den vereinigenden Spieltrieb und damit für das ästhetische Schaffen und für die Stiftung einer ästhetischen Gemeinschaft entscheiden. Es leuchtet ein, dass die trieb- und freiheitstheoretischen Erwägungen Reinholds solche Schlussfolgerungen nicht zulassen. Reinholds Trieb- und Freiheitskonzept bewegt sich im Spanungsfeld der Moral, supponiert eine Wahl zwischen eigennützigem oder unsittlichem und uneigennützigem oder sittlichem Trieb, mahnt seiner übergeordneten Zielsetzung gemäß dazu an, sich für den sittlichen Trieb zu entscheiden. Reinholds Trieblehre kennt somit keine ästhetische Pointe. So wie die Dinge bei Reinhold angelegt sind, wird er Schillers Vorgehen auch nicht als sinnvoll erachten können. Wie wir erwähnt haben, ist aus seiner Optik eine ästhetische Begründung der Moral zu vermeiden. Schillers ästhetische Wende in der Triebtheorie erscheint Reinhold schlichtweg als eine Vermischung von Moral und Ästhetik.

An dieser Stelle können wir nun gleichfalls auf einen signifikanten Denkzusammenhang Hölderlins aufmerksam machen, auf einen Denkzusammenhang, der zum einen auf eine Schiller-Gefolgschaft hindeutet, zum anderen aber ebenso auf eine Orientierung an Reinhold, genauer: an jenem Reinhold, der in der Rolle des moralisch-ästhetischen Aufklärers und Vorstellungstheoretikers zuvor bereits Schiller inspiriert hat. In die Phase, in der Hölderlin sich erklärtermaßen Kant und Reinhold vornimmt, fällt zugleich sein Plan, für Niethammers *Philosophisches Journal einer Gesellschaft Teutscher Gelehrten* Beiträge zu einem Projekt abzufassen, das in «philosophischen Briefen» bestehen und als «‹Neue Briefe über die ästhetische Erziehung des Menschen›» betitelt werden soll.[147] Das Projekt ist offenbar in Vorüberlegungen stecken geblieben. Kunde davon gibt aber immerhin ein in

146 Ebd., 1795, 2. Stück, 88.

147 Siehe Hölderlin: StA VI, 201–203 [BA V, 17–19].

seinen Umkreis gehörendes Fragment von Anfang 1796,[148] in dem von der Not der Zeit die Rede ist und dabei ganz besonders von dem Bedürfnis, den Ausgang aus den misslichen Zuständen mithilfe einer Form von Aufklärung zu finden, die nicht nur materielle Verbesserung verheißt, sondern auch den harmoniebedürftigen Vorstellungen des Göttlichen im Menschen genügen kann.

Der Projekttitel erinnert klarerweise an Schiller, in dessen Bannkreis Hölderlin seit Ende seiner Tübinger Studienzeit denn auch für eine längere Zeit stand. Ähnlich wie vor ihm Friedrich von Hardenberg[149] durchlebte Hölderlin damals Phasen extremer Schiller-Begeisterung. Mit Bewunderung und Lernwilligkeit suchte er die Nähe des berühmten Dichters. Er wurde von Schiller mit väterlicher Hand gefördert, zur Abfassung dichterischer Arbeiten ermuntert, aber auch in eine gewisse Konkurrenzsituation hineingetrieben. Hölderlin möchte mit seinem Projekt nun in kongenialer Weise an Schillers moralisch-ästhetisches Denken anschließen, letztlich wohl aber pointierter als der Autor der Briefereihe *Ueber die ästhetische Erziehung des Menschen* für eine Beseitigung von Missständen und für eine hierfür erforderliche Revolutionierung der Verhältnisse Partei ergreifen. Für vorbildlich hält Hölderlin zweifelsohne Schillers Bestreben, für Ziele der Erziehung und Bildung ästhetische Ideen fruchtbar zu machen. Dieses bestärkt ihn in der Ansicht, dass Aufklärung und Erziehung unweigerlich mit Ideen einer ästhetischen und nicht nur moralischen Gemeinschaft einhergehen müssen. Moralisch-religiöse und ästhetisch-religiöse Aufklärung sollen sich die Hand reichen.

Es ist gut möglich, dass Hölderlin mit diesem Engagement für eine neue ästhetische Erziehung Reinholds ab Mitte der 1790er-Jahre verfolgtem Plan zu einem Bund der Gleichgesinnten mit Vorbehalten gegenüberstand, zumal dieser Plan doch sehr einseitig auf Zielen einer moralischen Aufklärung beruhte. Doch wäre dies für Hölderlin kein Grund gewesen, sich nicht dennoch zugleich dem produktiven Ideengut Reinholds zu widmen. Diverse Ideen und Formulierungen aus dem erwähnten Fragment Hölderlins sprechen

148 Siehe Hölderlin: StA IV, 275–281 [BA V, 10–16]. – In BA wird das Fragment in anderer Zusammenstellung präsentiert.

149 Man lese dazu den Brief Hardenbergs an Reinhold vom 5. Oktober 1791. Reinhold: Korrespondenzausgabe, Bd. 1, 284–293.

denn nun auch dafür, dass er vorübergehend sehr entschieden einen Anschluss ebenso an das Aufklärungs- und Vorstellungsdenken Reinholds und dessen Schülerschaft suchte.

Hölderlin ist auf eine «höhere Aufklärung» aus, eine Aufklärung, die gleichermaßen zum Höchsten aufsteigt wie zu den tiefsten Wurzeln der Not hinabdringt. Gefordert wird nachdrücklich die Befreiung des Menschen von «Nothdurft». Hölderlin schärft dazu ein, dass die «Befriedigung» von Bedürfnissen nicht nur des materiellen, sondern auch des höheren oder geistigen Lebens das Ziel ist und dass dadurch eine «unendlichere Befriedigung» erreicht werden soll.[150] Das für Reinhold typische Aufklärungsmotto, sich allem, was «der Menschheit *noth*» ist, anzunehmen und so das Notwendige zu tun und die Not der Menschheit abzuwenden, schwingt in diesen Zeilen Hölderlins ebenso mit wie Reinholds formelartige Aussagen zur «Befriedigung» von Trieben und Bedürfnissen des in seiner stoisch-epikureischen Ganzheit zu begreifenden Menschen.

Auffällig ist in dem besagten Fragment aber auch Hölderlins gehäufte und akzentuierte Verwendung der Reinhold-typischen Ausdrücke «Vorstellung», «Vorstellen», «Vorstellungsart» und «Vorstellungsweise».[151] Und nicht nur dies. Hölderlin verwendet diese Ausdrücke wertpositiv. Vorstellungen sind für ihn Zeichen der Vergeistigung des Lebens, der Erinnerung an Göttliches. Wie alles Menschenwerk sind sie zwar Beschränkungen unterworfen, geben sie doch dasjenige, was ist, lediglich durch ein menschlich-geistiges Medium wieder. Sie sind zudem Ausdruck einer Besonderheit, was ihnen nun aber gerade erlaubt, bestimmte Schranken auch produktiv zu überwinden. Vorstellungen sind in dieser Hinsicht Ergebnis und Garant der Individualität und Freiheit des Menschen und damit unisono Ermöglichungsgrund des einen Menschen, die Freiheit und Individualität seines Nebenmenschen zu «billigen».[152] Sie ermöglichen so schließlich die Vereinigung zwischen den Menschen mittels der Verbindung ihrer freien Vorstel-

150 Siehe Hölderlin: StA IV, 275–278 [BA V, 12–14].

151 Zu dieser Auffälligkeit siehe auch Waibel: Reinhold hat die Wirklichkeit der Philosophie begründet, 351.

152 Siehe Hölderlin: StA IV, 279 [BA V, 11].

lungen zu einem Allgemeinen als einem «harmonischen Ganzen von Vorstellungsarten».[153]

Nichts deutet darauf, dass Hölderlin an diesem Ort die besonders bei Schelling vorherrschende Ansicht teilt, das Vorstellen stehe für eine inferiore Stufe des Unbedingten, für ein Unbedingtes, das sich im Bereich erster Grundsätze oder einer ursprünglichen Reflexion manifestiere, letztlich für eine Herabwürdigung des Unbedingten, die dem «*Tod* alles Philosophirens» gleichkomme.[154] Für Hölderlin besteht der angemessene reflexive Ausdruck und Weg höheren, göttlichen Lebens in nichts anderem als in einer ganzheitlicher und sublimer werdenden Vorstellungsart. In der Sache steht Reinholds Ansinnen, den Begriff der Vorstellung überhaupt seinem Wesensinhalt nach zu definieren, zur Diskussion, wobei Hölderlin nicht an ein Hinaufsteigen zu einem Gattungsbegriff der Vorstellung, sondern an eine sich zunehmend verdichtende Synthese der Vorstellungsarten zu denken scheint. Reinholds Kant-kritische Forderung nach einer Freilegung des Gattungsbegriffs der Vorstellung wiederholt sich bei Hölderlin in einer anarchisch-kohärentistisch anmutenden Lesart.

Hölderlins affirmative Verwendung der damals zwar nicht ausschließlich bei Reinhold vorkommenden, aber doch klar von ihm als Begründer der Elementarphilosophie eingeführten Vorstellungsbegrifflichkeit ist hier auch deshalb herauszuheben, weil sie nicht marginal oder zufällig ist. Sie kommt nicht nur in Hölderlins philosophisch-erzieherischem Projekt um 1796 zum Vorschein, sondern erstreckt sich über einen ausgedehnteren Zeithorizont seines philosophischen und poetologischen Denkens. Beredtes Beispiel ist der spätere, wohl von Ende 1799 oder Anfang 1800 stammende Entwurf «Wenn der Dichter einmal des Geistes mächtig …», ein Entwurf, in dem Hölderlin eine vielschichtige und äußerst kompakte poetische Verfahrensart des Vereinigens von Vereinigung und Differenz gegensätzlicher Glieder auf den Punkt zu bringen versucht. Das Thema der Vereinigung drängt aufgrund seiner Radikalität zu einem Denken des «alles zugleich», seiner Expressivität wegen aber auch zu einer konsequenten Darstellung am Leitfaden des für das Vorstellungsaxiom zentralen Verhältnisses von Form und Stoff, Tätigkeit

153 Siehe Hölderlin: StA IV, 279 [BA V, 12].

154 Siehe Schelling: Historisch-kritische Ausgabe, Werke, Bd. 3, 192.

und Empfänglichkeit. In seinem Plädoyer für eine dichterische Produktion, die dem Stoff und der Empfänglichkeit auch einer nicht idealischen Seite nach angemessenen Ausdruck verschafft, bedient Hölderlin sich des erz-reinholdischen Ausdrucks «Receptivität des Stoffs».[155] Wie Reinhold kennt Hölderlin zudem einen Stoff, der «subjectiv oder objectiv» gegeben sein kann, subjektiv oder objektiv bildet oder gebildet wird.[156] Reinholds zwei Stufen der Stoffaffektion, die äußere und innere, kehren bei Hölderlin in der Gestalt eines innerstofflichen Wechselbezugs von Idealischem und Nicht-Idealischem wieder.[157] Bei manchen Gedankengängen Hölderlins wird ferner das Vereinigen von Vereinigung und Entgegensetzung vor dem Hintergrund von Dreiheiten expliziert, bei denen in spielerisch-experimenteller Manier an die von Reinhold kanonisierte Bewusstseins-Triadik von vorstellendem Subjekt, vorgestelltem Objekt und Vorstellung als vorgestelltem Inhalt angeschlossen wird.[158] So fächert Hölderlin das «poëtische Ich» in eine «dreifache Natur» des «Erkennenden», «Erkannten» und der «Erkenntniß» auf.[159]

Es lässt sich nicht in Abrede stellen, dass man ebenfalls bei diesem späteren Text Hölderlins von einem Bündel philosophischer Ideen, die abwechselnd oder simultan an Reinhold, Schiller oder auch Fichte erinnern, ausgehen muss. So kehrt beispielsweise Schillers Freiheit als Wahl zwischen Trieben und als Entscheidung zum dritten, ästhetischen Trieb bei Hölderlin als Postulat wieder, sich mit «*freier Wahl*» zu einem die Beziehung zur Natur einbegreifenden Verhältnis der harmonischen Entgegensetzung zu bekennen.[160] Freiheit wird also, Schillers Transformation von Reinholds Theorie der Willensfreiheit folgend, als eine willentliche Entscheidung zu einer ästhetischen Form des Denkens und Lebens aufgefasst. Doch ist auch hier der Eindruck schwer von der Hand zu weisen, dass gleichzeitig eine Aneignung von Ideen Reinholds aus erster Hand nachklingt. Die Formulierung «Receptivität des Stoffs» ist nicht nur typisch für Reinhold, sondern auch untypisch

155 Siehe Hölderlin: StA IV, 243 [BA VIII, 135].

156 Siehe Hölderlin: StA IV, 243 f. [BA VIII, 135].

157 Näheres zu der Wechselseitigkeit von Idealischem und Nicht-Idealischem, die Hölderlin am Stoffbegriff festmacht, siehe Hiller: ‹Harmonisch entgegengesetzt›, 131.

158 Zu dieser Feststellung siehe auch Waibel: Hölderlin und Fichte, 336.

159 Siehe Hölderlin: StA IV, 252 f. [BA VIII, 159].

160 Siehe Hölderlin: StA IV, 255 [BA VIII, 162 f.].

für Fichte und Schiller. Bei Fichte und Schiller wird die Eigenschaft des Stoffes innerhalb des Form-Stoff-Verhältnisses mit Passivität, Leiden, Nicht-Ich oder Empfindung, aber nicht, wie vorzüglich bei Reinhold, mit einem Vermögen der Rezeptivität und dadurch mit einer Subjektleistung, die passiv und aktiv zugleich ist, in Verbindung gebracht. Man darf behaupten, dass hier eine Geistesverwandtschaft Reinholds und Hölderlins in der Überzeugung zum Ausdruck kommt, dass es nicht Unfähigkeit, Schwäche oder tierisches Gebaren ist, «beschränkt zu werden, zu empfangen», sondern ein «menschlich» zu nennender Trieb,[161] ein Trieb, den zu verleugnen nachgerade unmenschlich wäre. Nur das Unsterbliche empfängt keinen Stoff, der Mensch aber ist sterblich und bedarf so auch bei all seiner Stärke und heroischen Gestalt des Stoffs. Gleichfalls Hölderlins Annahme eines subjektiven Stoffes, neben dem objektiven oder äußeren, ist eine Eigenheit Reinholds, zu der man nicht leicht eine Parallele findet – darüber hinaus eine Eigenheit, die in einem beachtlichen und folgenreichen Denkzusammenhang des Vorstellungstheoretikers steht. Wie wir erwähnt haben, ist für Reinhold der subjektive Stoff Bestandteil seiner Idee eines sich selbst affizierenden Vorstellungsvermögens, einer Idee, die er in einem Binnenbereich von Theorie des Vorstellungsvermögens und Theorie des Erkenntnisvermögens als Selbstbewusstsein kenntlich macht und – in einem zustimmenden Sinne – zu einem Anschauen intellektueller Art rechnet.

## c) Denken im Geiste der Totalvorstellung

Wie von Violetta Waibel in jüngerer Zeit erwähnt worden ist,[162] besteht Anlass zur Annahme, dass Hölderlin noch mit einem anderen Ganzheitsmotiv von Reinholds Vorstellungsdenken, nämlich mit Reinholds Begriff der Totalvorstellung, in Berührung gekommen ist, und dies offenbar bereits während der Tübinger Ausbildungszeit. Darauf deutet ein Abschnitt aus Hölderlins Magisterspecimen «Versuch einer Parallele zwischen Salomons Sprüchwörtern und Hesiods Werken und Tagen», das auf den 17. September 1790

161 Siehe Hölderlin: StA III, 202 [BA IV, 129].

162 Siehe Waibel: Hölderlin und Reinhold, 76–79; sowie Waibel: Hölderlin und Fichte, 214.

datiert ist. Hölderlin stellt dort Betrachtungen zu Gesetzen der neueren Erfahrungsseelenlehre an und bewegt sich, ohne ausdrücklichen Hinweis auf Autoren, im Umkreis der im 18. Jahrhundert unter anderem in der Richtung William Hogarths, Baumgartens und Mendelssohns verfochtenen Ansicht, wonach deutliche, auf einzelne Merkmale konzentrierte Vorstellungen im Unterschied zu klaren, ganzheitlichen Vorstellungen unser ästhetisches Empfinden nicht zu stimulieren vermögen. Jede Analyse, jede Verdeutlichung von Schönheit, so der sachliche Konsens innerhalb dieser Richtung, zerstört die eigentliche Natur des Schönen. Hölderlin seinerseits stimmt in diesen Kanon mit den Worten ein: «Nun aber würkt kein Gegenstand auf unser Empfindungs- und Begehrungs-Vermögen, außer unter einer *Total-Vorstellung*. Wo wir zergliedern, wo wir deutliche Begriffe haben, empfinden wir schlechterdings nicht.»[163]

Wir sind dem Ausdruck «Totalvorstellung», zusammen mit dessen Komplementär- oder Gegenausdruck «Partialvorstellungen», in Reinholds Bestimmungen zu dem ästhetischen Begriff des Vergnügens begegnet und haben gesehen, dass Reinhold dieses Begriffspaar ebenfalls auffällig in seiner Urteilstheorie und seiner Darlegung des Verhältnisses von transzendentalem oder synthetischem und logischem oder analytischem Vernunftgebrauch verwendet. Geht man der Herkunft und damaligen Kontexten dieses Begriffspaars nach, spricht nicht wenig dafür, dass Hölderlins Einlassung zur Totalvorstellung in der Tat in eine Verbindung mit der bei Reinhold vorliegenden Behandlung dieses Begriffs zu bringen ist, wobei man allerdings zugleich Johann August Eberhards Beitrag in dieser Sache berücksichtigen muss.

Der Ausdruck «Totalvorstellung» gehört im 18. Jahrhundert zu einem Zweig des Leibniz-Wolff'schen Stammbaums der Vorstellungsarten. So kennt etwa Baumgarten eine «perceptio totalis», die neben der «perceptio partialis» zu stehen hat.[164] In welcher Weise die beiden Begriffe unter sich ins Verhältnis zu setzen sind, ob unter ihnen eine Rangfolge bestehen soll, ist dabei notorisch umstritten. Eine augenfällige, Kontroversen evozierende Ausformulierung erfährt die Gegenüberstellung der beiden Begriffe im letzten Viertel des 18. Jahrhunderts bei Eberhard. In dessen mehrmals aufgelegter Preis-

163 Hölderlin: StA IV, 183 [BA II, 209].

164 Siehe Baumgarten: Metaphysica. Ed. VII, § 514.

schrift *Allgemeine Theorie des Denkens und Empfindens* wird vor dem Hintergrund der Aufgabe, die Beziehung von Denken und Empfinden zu klären, das Gesetz aufgestellt, dass dann, wenn das «Mannichfaltige [...] in einer Totalvorstellung zunimmt, die Intensität der Einheit oder die Deutlichkeit abnehmen» muss.[165] Eberhard bringt «Totalvorstellung» und «Partialvorstellung» vor diesem Hintergrund in ein wechselseitiges Ausschlussverhältnis und verteidigt eine strikte Zuordnung der Totalvorstellung zu Empfindung, Mannigfaltigkeit, Verworrenheit und damit auch zum Vergnüglichen jeder Art, der Partialvorstellung zu Verstand, Denken, Einheit und Deutlichkeit. Indem Eberhard für den Vorrang des Denkens vor dem Empfinden plädiert, heißt dies auch, dass seines Erachtens eine Unterordnung der Totalvorstellung unter die Partialvorstellung bestehen soll. Und diese Unterordnung besiegelt Eberhard nachgerade durch eine eigentümliche ontologische Seelenordnung. Dieser zufolge soll unsere gesamte Seelentätigkeit durch eine «herabsteigende Ordnung» von dem «deutlichsten Denken» bis zu dem «verwirrtesten Empfinden» charakterisiert sein, wobei das Denken selber derart vorgestellt werden soll, dass ihm ein «Seyn» höchsten Ranges zugrunde liegt, namentlich ein Sein, das über dem Denken als Setzen einer «Identität» und dem Denken als «Urtheilen» steht. Die absteigende Bewegung vom Denken zum Empfinden, die Eberhard skizziert, ist in der Summe der Weg vom «Seyn», «Einfachen» als Seelengrund allen Denkens, vermittelst des Denkens, das den Begriff einer höchsten «Identität» enthält, die ihrerseits das «allererste im Urtheilen» ist, zu dem Empfinden als einem Bereich des «Zusammengesetzten».[166] Die Übereinstimmung mit den von uns später noch zu betrachtenden Reflexionen über Sein, Identität und Urteilen, die Hölderlin Mitte der 1790er-Jahre zu Papier bringen wird, ist frappant, sieht man davon ab, dass bei Eberhard keine Aufwertung von Empfindung und Anschauung, sondern umgekehrt eine erneuerte Statuierung der Herrschaft des Denkens über das Empfinden vorliegt und dass für Eberhard auch die Problematisierung des Verhältnisses von Sein und Ich oder Selbstbewusstsein kein Thema ist.

165 Siehe Eberhard: Allgemeine Theorie des Denkens und Empfindens, 77.

166 Siehe ebd., 93–96.

Dieses zu einem Triumph des Denkvermögens führende Ergebnis Eberhards bleibt nicht ohne Widerrede. Angefochten wird es vor allem von Autoren, welche im Gefolge Baumgartens darauf aus sind, die sinnliche Erkenntnis zu rehabilitieren, oder mit Herder für die Rechte des menschlichen Empfindungsvermögens eintreten. Diese Autoren sind der Meinung, dass die sinnliche Erkenntnis in manchen Bereichen zwar durchaus mit begrifflicher Verworrenheit gleichzusetzen sei, dass man ihr aber in anderen Bereichen, so im Falle der Erkenntnis des Schönen, ebenfalls eine Form der Vollkommenheit zubilligen müsse. Zu dieser Gegenrichtung gehört gegen Ende der 1780er-Jahre offenkundig auch Reinhold. Im Blick auf die seines Erachtens richtige Definition des Vergnügens – eines Vergnügens, das sowohl sinnlicher als auch geistiger Natur sein kann – wird, wie wir erwähnt haben, die Möglichkeit einer Einheit von Total- und Partialvorstellungen unterstellt und so die Totalvorstellung zwar als undeutliche, jedoch weder dunkle noch verworrene, sondern klare und reine Vorstellung klassifiziert. Reinholds Definition des Vergnügens wie auch seine Bestimmung der Totalvorstellung innerhalb des Stammbaums der Vorstellungsarten lassen sich damit unschwer als markante Antithese zu Eberhards Position begreifen.

Was Hölderlin betrifft, ist er unweigerlich an diese durch Eberhard und Reinhold geprägte Konfiguration heranzurücken, ergreift er doch im Magisterspecimen auf seine Weise für jene Fraktion Partei, welche aufgrund ihres akzentuiert ästhetisch-philosophischen Interesses die Totalvorstellung innerhalb der Skala der Vorstellungsarten auf eine höhere Stufe hebt. Ausdrücklich will Hölderlin den Standpunkt des Dichters eingenommen wissen und für eine Versinnlichung oder «Personifikation abstrakter Begriffe» streiten, die ipso facto in der Lage ist, «klare Begriffe oder Total-Vorstellungen»[167] hervorzubringen. Dabei erinnert seine Rede von der Personifikation abstrakter Begriffe an Herder und an das vorkantische Aufklärungsdenken Reinholds, seine Hervorhebung und affirmative Bewertung der Totalvorstellung vornehmlich an den inzwischen zum Kantianer gewordenen Reinhold.

Ein weiterer Faktor, der uns dazu anhält, Hölderlins Plädoyer für die Totalvorstellung im Wirkungskreis Eberhards und Reinholds zu verorten, ist die Tatsache, dass der Verfasser des Magisterspecimens im Wintersemester

167 Hölderlin: StA IV, 184 [BA II, 209].

1789/1790 die Vorlesung Flatts über empirische Psychologie besucht hatte[168] und damit kurz zuvor an ältere, neuere und aktuellste Lehrstoffe über die Seelenaktivitäten und über die Arten des Empfindens und Vorstellens herangeführt wurde. Die inzwischen bekannte Nachschrift von August Friedrich Klüpfel zur Psychologie-Vorlesung Flatts von 1790 verrät, dass der Tübinger Lehrer damals sowohl häufiger auf Eberhards *Allgemeine Theorie des Denkens und Empfindens* Bezug nahm[169] als auch wiederholt Theoreme Reinholds zur Diskussion stellte. Im Rahmen einer eingehenderen Betrachtung der Seelengesetze, bei der gleichfalls die Feststellung nicht fehlen sollte, dass die Seele lediglich dann fühlt, wenn «Partial Eindrüke» in einen «Total-Eindruk» übergehen,[170] wandte Flatt sich den angenehmen und unangenehmen Empfindungen zu und damit schließlich dem Begriff des Vergnügens anhand der «neusten Theorie von Reinhold».[171] Es ist demnach nicht abwegig anzunehmen, dass Hölderlin über Flatt mit Eberhards Ansichten zum Verhältnis von Denken und Empfinden und hierbei womöglich auch mit dessen gleichermaßen anregend wie anstößig wirkender ontologischer Seelenordnung bekannt gemacht wurde. Und es ist auch nicht wenig wahrscheinlich, dass Hölderlin auf Anregung Flatts zu Reinholds Einlassungen zum Begriff der Totalvorstellung gelangte und von da an gleichzeitig auf einer begrifflichen Ebene seine Sichtweise auszubilden begann, dass es einer höheren, geistigen Stufe des Vorstellens bedarf, um ein Leben in harmonischer Ganzheit zu stiften. Auf der Basis von Flatts Hinweisen auf Reinholds Aufsatz zum Begriff des Vergnügens sowie auf Reinholds Theorie des Vorstellungsvermögens von 1789 konnte Hölderlin sich leicht über eine ihm zusagende Reinhold'sche Behandlung des Begriffs der Totalvorstellung verständigen.

Beachtung verdient bei alledem nicht zuletzt die Tatsache, dass Reinhold die Totalvorstellung seit 1789 gleichzeitig als urteilstheoretischen Begriff in Anwendung brachte. Denn dies wirft die Frage auf, ob Hölderlin, der Mitte der 1790er-Jahre Gedanken über das «Urtheil», das im eigentlichsten Sin-

168 Siehe Hölderlin-Handbuch, 65.

169 Siehe Flatt: Philosophische Vorlesungen 1790, vor allem 237.

170 Siehe ebd., 218.

171 Siehe ebd., 219.

ne «Trennung» und «Theilung» eines Ungeteilten oder Ganzen bedeutet,[172] niederschreiben wird, durch Reinhold womöglich nicht nur bezüglich der positiven Bewertung der Totalvorstellung als ästhetischer Empfindung, sondern im Endeffekt gerade auch bezüglich des Zusammenhangs von Urteilen und Totalvorstellung beeinflusst worden ist. Ein sachlicher Zusammenhang ist hier jedenfalls nicht von der Hand zu weisen. Wie wir gesehen haben,[173] legt Reinhold das Urteilen im Sinne eines synthetischen und analytischen Prozesses aus, bei dem das Prädikat als begriffliche Partialvorstellung auf das Subjekt als angeschaute Totalvorstellung bezogen wird. Trennung oder Teilung wird hiermit zwar nicht zur Quintessenz des Urteilens erhoben, jedoch, zumal das Verhältnis von Ganzheit und Teilen zum Definiens des Urteilens gemacht wird, zumindest zu den Grundkomponenten des Urteilsbegriffs gerechnet. Geht man davon aus, dass Hölderlin tatsächlich an Reinholds Urteilstheorie angeknüpft hat, verfügt man schließlich über einen weiteren Baustein im Versuch nachzuvollziehen, weshalb Hölderlin in einem unmittelbaren Zusammenhang seiner Reflexion zum Urteilsbegriff über eine die «Gegenstände der Wahrnehmung und Anschauung» betreffende «Wirklichkeit» nachdachte, welche Voraussetzung einer den «Gegenständen des Verstandes» korrespondierenden «Möglichkeit» ist, die man ihrerseits von der «Nothwendigkeit», die allein den «Gegenständen der Vernunft» vorbehalten ist, abheben muss.[174] Hölderlins Aufbau von Wirklichkeit, Möglichkeit und Notwendigkeit erweckt, neben allen Assoziationen mit Kants Postulaten des empirischen Denkens,[175] den Eindruck einer Nachbildung von Reinholds Aufstufung von synthetischem und analytischem Urteil, die neben dem unmittelbaren Urteil auch ein «mittelbares Urtheil», den «Vernunftschluß», einbegreift[176] und so insgesamt als aufsteigender Weg von der Anschauung als Wirklichkeit zum Verstand als Möglichkeit und zur Vernunft als Notwendigkeit komponiert ist.

172 Siehe Hölderlin StA IV, 216 [BA IV, 163].

173 Siehe Anm. 55.

174 Siehe Hölderlin StA IV, 216 [BA IV, 164].

175 Siehe Baum: Metaphysischer Monismus bei Hölderlin und Hegel, 89 f.

176 Siehe Reinhold: RGS 1, 321.

## d) Über Kant und Schiller hinaus – unter Mithilfe Reinholds

Diversen Mitteilungen zufolge befasste Hölderlin sich im Laufe des Jahres 1794, an dessen Ende er von Waltershausen nach Jena übersiedelte und dort einige Monate Fichte hörte, auf philosophischem Gebiet hauptsächlich mit Kant und den Griechen. Daneben rezipierte er seit Frühjahr 1794 mit Neugierde und zunehmendem Enthusiasmus Schillers ein Jahr zuvor erschienene Abhandlung *Ueber Anmut und Würde* und hegte die Absicht, zu dieser demnächst in konstruktiv-kritischer Hinsicht Stellung zu nehmen. Aus einem Brief an den Jugendfreud Christian Ludwig Neuffer vom 10. Oktober 1794 ist zu erfahren, dass Hölderlin in dieser Periode, in der er ein erstes Fragment zu seinem *Hyperion* in Schillers *Neuer Thalia* veröffentlichen konnte, einen Aufsatz über «ästhetische Ideen» plante, bei dem sowohl die Idee des Schönen aus Platons *Phaidros* aufgenommen als auch die von Kant und Schiller bereitgestellten Ergebnisse zur Analytik des Schönen und Erhabenen neu bearbeitet werden sollten. Bei der letzteren Aufgabe bestand das Ziel offenbar darin, eine gegenüber Kant verbesserte und vielseitiger entfaltete Analytik des Schönen und Erhabenen zu liefern. Hölderlin spricht dabei von einem Unternehmen, «wie es schon Schiller zum Theil in s. Schrift über Anmuth und Würde gethan hat, der aber doch auch einen Schritt weniger über die Kantische Gränzlinie gewagt hat, als er nach meiner Meinung hätte wagen sollen».[177]

In welche Richtung Hölderlin zufolge über Kants Grenzlinie hinausgegangen und schließlich auch Schillers Erkenntnisstand noch überschritten werden sollte, lässt sich, da auch dieser Plan nicht realisiert wurde, nur aus dem Kontext erschließen, wobei sich hier verschiedene Optionen andeuten. Der Hinweis auf Platons *Phaidros* stützt die Vermutung, dass eine Verbindung von neuerer, kantisch-subjektiver und älterer, platonisch-objektiver Ästhetik anzustreben ist, die weiter reicht als im Falle der hierzu unternommenen Versuche Schillers. Die jüngeren Einsichten zu dem menschlichen Vermögen des ästhetischen Bildens und Urteilens sollen, so eine naheliegende Intention, nicht nur innerhalb des menschlichen Seelenvermögens aufge-

177 Hölderlin: StA VI, 137 [BA IV, 74].

wertet, sie sollen ebenfalls mit einer Sphäre des Göttlichen vermittelt und davon ausgehend umfassender expliziert werden. Es gilt dafür zu argumentieren, dass das Schöne (καλόν), das zugleich das Weise (σοφόν) und Gute (ἀγαθόν) ist[178] und das sich mit dem Gegensatz von irdischer Schwere und himmlischer Leichtigkeit konfrontiert sieht, zum Grundbestand und zur Grunddynamik der göttlichen Seele gehört. Das Stichwort der Analytik des Schönen und Erhabenen scheint aber auch dafür zu sprechen, dass es eine gleichsam innerästhetische Vereinigungsaufgabe zu bewältigen gilt. Es soll die gemeinsame Wurzel der Bereiche des Schönen und Erhabenen, über deren Verhältnis zueinander seit der Antike gestritten wird, freigelegt werden.[179] Antrieb zu diesem Ansinnen ist dabei offenbar die Diagnose, dass sich ohne Ausgang von einer gemeinsamen Wurzel des Schönen und Erhabenen der Gegensatz von Ästhetik und Moral nicht auflöst, sondern auf einer innerästhetischen Ebene forterhält. Zieht man zusätzlich Hölderlins Fragmente und briefliche Äußerungen aus den Jahren 1794 und 1795 zu Themen der Moral, Freiheit und Strafe zurate, ist davon auszugehen, dass darüber hinaus die von Schiller in *Ueber Anmut und Würde* behandelte kantische Beziehung von Vernunft- oder Gesetzesmoral und möglichen sinnlichen Antrieben sowie insbesondere der von Schiller innerhalb dieses Spektrums beklagte kantische Rigorismus der Moral von Bedeutung sind. Es soll demnach dargelegt werden, dass Schiller in diesem Punkt zwar einen Schritt in die richtige Richtung vollzogen, aber schließlich kein zufriedenstellendes Resultat erreicht hat. Doch was kann hiermit, wenn man den in dieser Sache von Schiller eingeschlagenen Weg näher beachtet, von Hölderlin eigentlich gemeint sein?

In der 1793 publizierten Abhandlung *Ueber Anmut und Würde* spricht Schiller über ein Verhältnis zwischen der von der Vernunft ausgehenden «moralischen Gesetzgebung» und der im Bereich der Erscheinungen zu situierenden «Ausübung der Sittenpflicht»,[180] was sich in der Sache mit der bei Kant angelegten Unterscheidung von Begründungs- und Motivationszusam-

178 Siehe Platon: Phaidros 246d. – Zur Wirkungsgeschichte dieses Hölderlin offensichtlich bekannten Diktums aus Platons *Phaidros* siehe Kurz: Das Wahre, Schöne, Gute.

179 Zu dieser Deutungsoption siehe Kondylis: Die Entstehung der Dialektik, 283; Meier: Konzepte ästhetischer Erziehung bei Schiller und Hölderlin, 258 f.

180 Schiller: Neue Thalia, 1793, Bd. 3, II, 179.

menhang der Moral deckt. Dabei gibt Schiller Kant, dem neuesten Vertreter unter den «*Rigoristen* der Moral», insoweit recht, als bei der Aufstellung der moralischen Gesetzgebung die Ansprüche der Sinnlichkeit in der Tat zurückzuweisen sind. Im Blick auf die Ausübung der Sittenpflicht meldet Schiller aber einen gewichtigen Einspruch gegen Kant an. Schiller moniert in Kants Betonung des Vorrangs von Vernunft und Pflicht vor aller Sinnlichkeit und Neigung eine übertriebene, womöglich einer «mönchischen Asketik» Vorschub leistende «Härte».[181] Schiller zufolge übersieht Kant, dass bei der Ausübung der Sittenpflicht doch auch eine gewisse Kooperation von Vernunft und Sinnlichkeit, Pflicht und Neigung zu berücksichtigen ist. Schiller appelliert von daher an das Recht moralischer Empfindungen und Gefühle. Doch nicht nur dies. Auch ein ästhetisches Gefühl, der «*ästhetische* Sinn», der neben dem moralischen Sinn besteht, darf und soll in diesem Zusammenhang in die Waagschale geworfen werden.[182] Denn auch der ästhetische Sinn kennt nach Schiller moraltaugliche Triebfedern, wobei man hier durchaus an Gefühle einer höheren Lust oder eines geistigen Vergnügens, darunter des Vergnügens an tragischen Gegenständen, denken kann. Beachtet werden soll schließlich, dass bei einer «schönen Seele» der ästhetische Sinn einen nachgerade vorzüglichen Einfluss auf die Moral ausübt. In einer schönen Seele werden nicht nur die Rechte von Gefühl und Sinnlichkeit anerkannt, in ihr wird sogar ein spielerischer Zustand möglich, in dem «Sinnlichkeit und Vernunft, Pflicht und Neigung harmonieren».[183] Alles in allem entsteht der Eindruck, dass Schillers Parteinahme für den ästhetischen Sinn in *Ueber Anmut und Würde* weitgehend innerhalb der Grenzen der Moral bleibt. Die Rechte des Ästhetischen werden nicht so weit ausgedehnt, dass der Primat des Sittengesetzes oder der freien Moralität vor einer Vorstellung von ästhetischer Vernunft und ästhetischer Freiheit infrage gestellt wird.

Dies ändert sich mit der 1795 begonnenen Briefereihe *Ueber die ästhetische Erziehung des Menschen*. Die Dimension des Ästhetischen erhält hier ein stärkeres Gewicht. Deutlich wird dies an Äußerungen zum Verhältnis von Freiheit und Schönheit. Während zunächst die Formel der «Schönheit»

181 Vgl. ebd., 181.

182 Vgl. ebd., 176.

183 Ebd., 187f.

als «Freiheit in der Erscheinung» im Mittelpunkt steht, die darauf schließen lässt, dass Schönheit als eine Variante von Freiheit verstanden und somit nicht der Freiheit vorgelagert oder übergeordnet werden soll, wird mit der Briefereihe *Ueber die ästhetische Erziehung des Menschen* zum Ausdruck gebracht, dass es die «Schönheit» ist, durch die man «zur Freiheit wandert».[184] Damit ist offenbar nicht bloß gemeint, dass erst die Schönheit zur Entdeckung der Freiheit führe, sondern vielmehr auch, dass die Schönheit in ihrem systematischen Verhältnis zur Freiheit und zur Moralität den Vorrang haben solle. Diese Höherstufung des ästhetischen Standpunkts hat eine Parallele im Befund, dass Schiller seine Trieblehre im Endeffekt an einen ästhetischen und nicht moralischen Ausgangspunkt bindet, den erweckten dritten Trieb zu einem neuen ersten Trieb erhebt.

Vor dem Hintergrund dieser sich radikalisierenden Exposition des Ästhetischen bei Schiller liegt die Vermutung nahe, dass genau hier auch der Punkt liegt, auf den Hölderlin mit seiner Aussage über Schillers ungenügendes Hinausschreiten über die Grenzlinie Kants zielt. Schiller hätte also, so die hypothetische Kritik Hölderlins, in *Ueber Anmut und Würde* noch nicht die Konsequenzen gezogen, die er danach in der Briefereihe *Ueber die ästhetische Erziehung des Menschen* zieht. Genauer gesagt: Schiller wäre in seiner aus ästhetischer Optik unternommenen Kritik an einem kantischen Rigorismus der Moral generell beizupflichten, jedoch dahingehend zu kritisieren, dass er den ästhetischen Standpunkt noch dem moralischen unterworfen, noch nicht in Freiheit gesetzt und schließlich über den moralischen Standpunkt gestellt habe.

Die Fragmente und brieflichen Äußerungen Hölderlins aus den Jahren 1794 und 1795 zu Themen der Moral, Freiheit und Strafe sprechen nun aber dafür, dass ihm eine solche Sicht und kritische Haltung zu Schiller fernliegt. Es ist zwar nicht von der Hand zu weisen, dass Hölderlin in Schillers Aufsatz *Ueber Anmut und Würde* den ästhetischen Standpunkt ungenügend oder nicht mit den richtigen Pointen zum Ausdruck gebracht sieht. Doch ist zu bezweifeln, dass Hölderlin dabei an jene Radikalisierung des Ästhetischen denkt, die dann bei Schiller in der Briefereihe *Ueber die ästhetische Erziehung des Menschen* unter dem Leitgedanken erfolgt, dass Schönheit und Spiel der

184 Schiller: Die Horen, 1795, Erstes Stück, 12.

Ausgangspunkt sind, von dem aus man zu Freiheit und Moral gelangt. Hölderlin zufolge ist zwar der Kritik an einer Unterjochung des ästhetischen Standpunkts zuzustimmen, nicht jedoch dem von Schiller vorgesehenen Primat des ästhetischen Standpunkts. Zudem entsteht der Eindruck, dass Hölderlin Schillers Kritik an Kants Rigorismus, eine Kritik, die aus ästhetischer Sicht erfolgt und die ausdrücklich der Idee des Schönen zu ihrem Recht verhelfen will, nicht teilt. Hölderlin scheint vielmehr eine andersartige, mit einer kantischen Sicht nicht unverträgliche Kritik am Rigorismus der Moral zu favorisieren.

Der zündende Gedanke in Hölderlins moralphilosophischen Reflexionen von 1794 und 1795 ist, dass bei aller notwendigen Entgegensetzung von Sittengesetz und Natur durchaus in einem bestimmten Rahmen gleichfalls eine Überstimmung von Sittengesetz und Natur möglich ist, dass eine solche aber kontingent bleibt. Das «Gesez der Freiheit» zu nennende Sittengesetz assoziiert, da es ein Gebot ist und somit uns Menschen als geistigen und natürlichen Wesen «*gebietet*», den Gedanken an einen «Widerstand in der Natur» und damit auch an eine potenzielle Bestrafung der Natur, falls dem Gebot nicht Folge geleistet wird.[185] Das Gesetz, sofern wir es gedanklich mit «Widerstand» und «Straffe» in Verbindung bringen, kündigt sich demnach in unserem moralischen Bewusstsein «negativ» an.[186] Dabei ist nicht auszuschließen, dass es in der Natur zugleich moralkonforme, dem Sittengesetz dienliche Impulse gibt. In diesem Falle gilt es aber zu vergegenwärtigen, dass das Sittengesetz «one alle Rücksicht der Hülfe der Natur» gebietet.[187] Damit sei gesagt, dass von dem Standpunkt des Sittengesetzes aus eine das Gesetz unterstützende Haltung der Natur zwar zu begrüßen ist, doch keineswegs verlangt, gefordert werden kann. Der Natur kann durch das Gesetz nicht geboten werden, diese Unterstützung zu leisten. Hinsichtlich einer Übereinstimmung von Sittlichkeit und Natur ihrerseits, die Hölderlin bald mit einem «Naturzustand», bald mit der naturfrömmigen Geschichtsepoche der Griechen, bald auch mit einem Zustand kindlicher Einfalt und Aufrichtigkeit in Zusammenhang bringt, bedeutet dies, dass sie naturwüchsig, durch die histo-

185 Siehe Hölderlin: StA IV, 212 [BA IV, 71].

186 Siehe ebd., 214 [BA IV, 88].

187 Siehe ebd., 212 [BA IV, 71].

rische Situation bedingt bleibt, dass sie «zufällig», durch «bloses Glük» gegeben ist.[188] Der daraus zu ziehende Schluss lautet, dass die zu wünschende Harmonie von Gesetz und Natur, da sie vom Gesetz nicht gefordert werden kann und situationsbedingt ist, keine sichere Basis für eine moralische Welt ist. Das gebietende Gesetz der Freiheit muss insofern als über der Natur und dem Harmoniegedanken stehend respektiert werden.

Eine bedeutsame Folgeüberlegung Hölderlins ist hier überdies, dass die mit dem Gesetzesbegriff einhergehende Vorstellung einer Widerständigkeit seitens der Natur in einer bestimmten Hinsicht nicht als reales Verhältnis aufgefasst werden darf. Es ist ein gedachter, lediglich der Erkenntnis des Gesetzes dienender Widerstand zu supponieren, nicht ein realer Widerstand, der das Gesetz gleichsam ursprünglich auf den Plan rufen oder als Gründungsakt gegen die Natur statuieren würde. Ebenso in diesem Falle gilt also ein Gebieten des Gesetzes ohne Rücksicht auf die Natur. Alles andere würde zu einer Verwechslung von einem «Erkenntnisgrunde» mit dem «Realgrunde» im Verständnis des Gesetzes führen, würde das Gesetz seinem Inhalt und Sinn nach auf eine bloße Gesetzes*wirkung* reduzieren.[189] Eine Konsequenz davon wäre, dass das Gesetz sich als ein «Factum» gegen die Natur verhalten, auf die Natur einwirken würde. Dem Gesetz würde somit ein realer «thätiger Wille» zugeschrieben.[190] Und dies wäre ein Irrtum gerade auch dahingehend, dass dem Gesetz kein oder nur in einem uneigentlichen Sinne ein tätiger Wille zugeschrieben werden kann: «Denn ein Gesez ist nicht thätig, es ist nur die vorgestellte Thätigkeit.»[191] Nicht dem Gesetz, sondern allenfalls dem Gesetzgeber oder Gesetzesanwender lässt sich ein tätiger Wille attribuieren.[192]

188 Siehe ebd., 211 [BA IV, 70].

189 Siehe ebd., IV, 215 [BA IV, 88].

190 Siehe ebd., 214 [BA IV, 88].

191 Siehe ebd.

192 Henrich (Der Grund im Bewußtsein, 396) hat die Aussage Hölderlins zu einem nicht tätigen (bzw. nur als vorgestellte Tätigkeit bestehenden) Gesetz vor dem Hintergrund der Überlegung interpretiert, wonach man – im Sinne Fichtes – das Gesetz als eine reflexive oder vorgestellte Form einer primären Tätigkeit begreifen könne. Ich gehe demgegenüber davon aus, dass Hölderlins Aussage mit Reinholds markanter Unterscheidung von Gesetz und Wille zu tun hat.

Bei allen diesen Respekt anmahnenden Räsonnements zu einem gebietenden Gesetz sieht Hölderlin wie angedeutet keineswegs davon ab, dass sehr wohl eine Kritik am Rigorismus der Moral angebracht ist. Doch soll diese nicht bei der Idee des Schönen, sondern bei einem Konglomerat von Gefühls-, Gemeinschafts- und Freiheitsideen ansetzen. Das Gebieten des Gesetzes, das unbehelligt von der widerständigen Natur wie auch von der natürlichen Harmonie von Sittlichkeit und Natur bleibt, soll als ein Gesetz vorgestellt werden, das nicht auf moralischer Vernunft allein beruht, sondern auf einer gelungenen Verbindung von moralischer Vernunft und moralischem Gefühl. Im Brief an seinen Bruder Carl vom 13. April 1795 lässt Hölderlin verlauten, dass es im Blick auf den moralisch handelnden und moralisch wollenden Menschen auf das «uneigennützige Gefühl der Pflicht» ankomme, auf ein Gefühl, das zugleich «reingedachter unbestechlicher Grundsaz» sei und das durch diesen Grundsatz «gesichert, bevestigt» werde.[193] Das Gesetz verlangt vom Menschen, dass er beim moralischen und juristischen Urteilen mit «unpartheiischem Auge» prüft und dass er bei dem Akt des Prüfens gleichsam sein «Gewissen, das Gefühl jenes Gesetzes» in die Waagschale wirft.[194] Höchster Zweck soll die mithilfe anderer edler Geister vor sich gehende «Vervollkommnung» der «Sittlichkeit» sein. Das «Unentbehrlichste» bei alledem aber soll die «Freiheit des Willens» sein, eine Freiheit, die es uns erlaubt, das «Gute» zu wollen, eine Freiheit, die bedeutet, dass keinerlei «Zwang» besteht, da ein solcher den «guten Willen» untergraben würde.[195]

Angesichts seiner generellen Übereinstimmung mit Schillers Programm einer erklärtermaßen ästhetischen Erziehung und Aufklärung mag es erstaunen, dass Hölderlin bei seinen Einlassungen zu den Vorstellungen von Moral, Freiheit und Strafe nicht zugleich die Bedeutung der Ästhetik für die Moral hervorhebt, mit anderen Worten: sich nicht auch, Schiller folgend, zu einer Eloge auf die der Moral dienliche schöne Seele aufschwingt. Doch wird Hölderlins reservierte Haltung verständlich, wenn man voraussetzt, dass für ihn bei aller Zustimmung zu einer ästhetischen Form des Aufklärens und

193 Siehe Hölderlin: StA VI, 162 [BA IV, 159].

194 Siehe ebd., 162 [BA IV, 160].

195 Siehe ebd., 162f. [BA IV, 160].

Vereinigens die moralische Aufklärung ihren Wert und Sinn nicht verliert und dass er auf dieser Stufe den Ausgang von einer kantischen Gesetzes- und Gemeinschaftsmoral für die optimalste Lösung hält.[196] Hölderlin ist offenbar überzeugt, dass die Befreiung des ästhetischen Denkens aus den Fängen einer bevormundenden Moral nicht heißen soll, dass die kantische Aufklärung im Geiste einer Vervollkommnung der Sittlichkeit demnach obsolet geworden ist. Vielmehr soll es auch auf der Basis eines vom Joch der Moral befreiten ästhetischen Denkens darum gehen – statt Kants Position nun zu kritisieren und zu übersteigen –, am kantischen Begriff des Moralgesetzes festzuhalten und die in der Moral selbst angelegten Vereinigungspotenziale zur Geltung zu bringen. Das Gesetz soll mit der Natur, dem moralischen Gefühl und dem Gemeinschaftsgeist auf einer innermoralischen Ebene in Einklang gehalten werden. Es wird dadurch letztlich, anstelle einer Konkurrenz, eine Koalition von kantischem und ästhetischem Standpunkt gutgeheißen.

Für ein solches Ansinnen kann Hölderlin sich offenbar mit dem gemeinschaftsreligiösen Ansatz Kants, noch stimmiger aber mit Aspekten von Reinholds moralphilosophischer Seite der Elementarphilosophie anfreunden. Nicht nur Hölderlins Appelle an das uneigennützige Gefühl, sondern auch seine augenfällige Sympathie für eine den Kern von Moralität ausmachende Vorstellung von Willensfreiheit sprechen für eine vorzügliche Bezugnahme auf Reinhold, so insbesondere auf jenen Reinhold, der im zweiten Band der *Briefe über die Kantische Philosophie* die gesamte Moralphilosophie durch den Begriff einer nicht mit dem Sittengesetz als Freiheitsgesetz zu verwechselnden Freiheit des Willens fundiert hat. Hinzu kommt, dass sich Hölderlins Interpretation des Freiheitsgesetzes im Sinne eines unparteilich urteilenden Gesetzes, dem eine Einheit von Vernunft und Gefühl, moralischem Wissen und Gewissen immanent ist, mit Ansichten Reinholds deckt. Man denke vor allem an dessen Auffassung, wonach zur begründenden Funktion, welche das Sittengesetz innehat, auch eine Balance von philoso-

196 Darauf hat kürzlich auch Ameriks (Hölderlin's Path) aufmerksam gemacht. Seines Erachtens folgt Hölderlin stärker als gemeinhin dargestellt moralischen und gemeinschaftsreligiösen Ansichten Kants. Hölderlins Verständnis von moralischer Aufklärung ist deshalb auch weit eher auf Kant denn auf Schiller und die Frühromantiker zu beziehen. – Zu kantischen Motiven in Hölderlins damaligen Äußerungen zur praktischen Philosophie siehe auch Franz: Theoretische Schriften, in: Hölderlin-Handbuch, 225 f.

phierender Vernunft und Gefühl im Bereich des Gemeinverstandes gehört. Schließlich besteht eine Koinzidenz dahingehend, dass in beiden Fällen eine Kritik am Rigorismus der Moral vorliegt, die moralintern angelegt ist und mit der Perspektive einer Gemeinschaftsmoral einhergeht. Hölderlin hält es für sinnvoll, neben aller Achtung für das Gesetz eine naturwüchsige Gemeinschaftsmoral zu kultivieren, wobei ihm bewusst ist, dass der Erfolg dieses Unterfangens von glücklichen, zufälligen Umständen abhängt. Reinhold seinerseits ist im Blick auf den Motivations- und Zweckzusammenhang der Moral darauf aus, eine Idee moralischer Gemeinschaft und des moralischen Wohlbefindens hochzuhalten, bei der selbstische und sympathetische Neigungen, epikureische und stoische Impulse zu ihrem Recht kommen – auch dies im Wissen darum, dass hier das Glück zu den Faktoren des Gelingens zählt.

Hinter dieser übereinstimmenden Haltung einer moralinternen und insofern nicht ästhetischen Kritik am Rigorismus der Moral steckt offenbar ein gemeinsames Grundmotiv. Reinhold und Hölderlin sind sich offenbar darin einig, dass Moral und Ästhetik nicht vermischt werden dürfen, dass nicht einer Ästhetisierung der Moral oder Moralisierung der Ästhetik Vorschub geleistet werden darf. Dabei ist nicht außer Acht zu lassen, dass sie allerdings in ihren Ausgestaltungen und Bewertungen des ästhetischen Standpunkts divergieren. Für Reinhold gehört die Ästhetik zum Geschmacksvermögen, das seinerseits zusammen mit dem Begehrungsvermögen als Zweig der praktischen Philosophie konzipiert wird. Wie Reinhold die beiden Zweige dabei auch immer genauer ins Verhältnis zu setzen intendiert, so ist doch unzweifelhaft, dass er eine vermögenstheoretische Dimensionierung ästhetischer Ideen befürwortet. Für Hölderlin dagegen kulminiert die Ästhetik in einer Idee des Schönen, die nichts Geringeres als eine Manifestation des Absoluten, Göttlichen darstellt und als Ausdruck höchster Vereinigung gelten kann. In einem solchen Absolutheitshorizont kann und will Reinhold die Ästhetik nicht sehen.

Was ihn mit Hölderlin in dieser Richtung dennoch verbindet, ist die erwähnte Tatsache, dass Reinhold um 1793 unter Mithilfe seines Jenaer Schüler Dreves den ästhetischen Begriff des Vergnügens als Einheitsgrund von Schönheit und Erhabenheit geltend macht[197] und dadurch die vereinigungsphilosophische Dimension des Ästhetischen radikalisiert. Diesem Vorhaben kann Hölderlin, der hier Mängel Kants und Schillers beklagt, sicherlich beipflichten. Allerdings wird er dabei Reinholds Pointe wiederum kaum gutheißen können. Für Hölderlin ist der Begriff des Vergnügens genauso wenig wie Schillers Begriff des freien Spiels ein tragfähiges Vereinigungsprinzip. Mit ihm lässt sich keine Harmonie von Schönheit und Erhabenheit, geschweige denn das Gesamtspektrum ästhetischer Erfahrungen denken. Einzuholen ist die höchste ästhetische Vereinigung für Hölderlin erst mit einer Seele, die den Gegensatz von himmlischem und irdischem Leben radikal durchlebt und durchlitten hat. Wahrhaft ist die Seele, die nicht bloß spielt und sich vergnügt, sondern auch heroisch kämpft, hofft, liebt und leidet, Erhöhungen, Begeisterungen, Schicksale und Abgründe erfährt.

### e) Systemkritik und die Deutung des Absoluten im Spannungsfeld von Faktum des Bewusstseins, absolutem Ich und Sein schlechthin

> Der leidensfreie reine Geist befaßt
> Sich mit dem Stoffe nicht, ist aber auch
> Sich keines Dings und seiner nicht bewußt,
> Für ihn ist keine Welt, denn außer ihm
> Ist nichts.[198]

Kehren wir zurück zu unserer Feststellung, dass Hölderlin ein relativ geringes Interesse an jenem Reinhold entwickelte, der mit einem grundsatzphilosophischen und erklärtermaßen streng wissenschaftlichen Systemgebäude die Neudarstellung der Philosophie Kants vorantrieb. In dieser Sache gilt es zu berücksichtigen, dass Hölderlins distanzierte Haltung zu einer Philosophie, die auf der Überzeugung beruht, nur ein Denken auf der Basis sicherer Prinzipien und in der Gestalt eines Systems könne als echt philosophisch und wissenschaftlich gelten, nicht nur einem intellektuellen Naturell entspringt.

197 Siehe Anm. 94.

198 Hölderlin: StA III, 195 [BA IV, 100].

Sie hat auch einen reflexiven, argumentativen und sich subversiv auswirkenden Hintergrund. In dem erwähnten Magisterspecimen von 1790 lässt Hölderlin verlauten, jene Philosophie, welche von Prinzipien ausgehe und bei der Definition unserer Begriffe und der Begründung unserer Erkenntnisse den «logischen Zusammenhang» anstrebe, sei zwar unbestreitbar von großem «Nuzen», zumal sie wie kaum eine andere dem Fortschritt des Geistes, der Vermehrung von Ideen und der Erschließung tieferer Wahrheiten diene. Jedoch sei sie nicht davor gefeit, zugleich «Schaden» anzurichten.[199] Sie sei anfällig für Vorurteile bei der Festlegung der jeweiligen Prinzipien und für Fehler bei der Aufstellung einer tragfähigen Reihenfolge von Bestimmungen. Zudem laufe sie Gefahr, zu terminologischen Präzisierungen nicht ohne den Nachteil neuer «Dunkelheit» und unfruchtbarer Formalismen (bloßer «Wortphilosophie») zu gelangen.[200] Nicht weniger problematisch und zwiespältig ist aus Hölderlins Optik der Aufklärungs- oder Vereinigungseffekt der Systeme. Systeme, so seine Abwägung, prägen sich unserer Seele zwar leichter und nachhaltiger ein als andere philosophische Ausdrucksformen, doch verleiten sie eben dadurch auch zu Dogmatismus und rufen den jede Vereinigungsidee unterlaufenden «Sektengeist» auf den Plan.[201]

Im Laufe der 1790er-Jahre schließt sich bei Hölderlin an diese ambivalente Beurteilung eine Kritik an falschen Ansprüchen der Systemphilosophie an. In den im Sommer 1795 mit Blick auf Niethammer niedergeschriebenen Zeilen unter dem Titel «Hermokrates und Cephalus» und in diversen brieflichen Mitteilungen um 1794 und 1795 attackiert Hölderlin ein Systemdenken, bei dem nicht darauf Rücksicht genommen wird, dass es wohl für Gott, aber nicht für den Menschen absolute Gewissheit und Vollständigkeit im Denken und Erkennen geben kann. Der «Mensch», so entgegnet Hölderlin, «bedürfe für sein Wissen, wie für sein Handeln eines unendlichen Fortschritts, einer gränzenlosen Zeit, um dem gränzenlosen Ideale sich zu nähern».[202] In einem von 1799 stammenden Frankfurter Fragment verleiht er ergänzend dazu auch seiner Abneigung gegenüber einem Systemdenken

199 Siehe Hölderlin: StA IV, 187 [BA II, 212f.].

200 Siehe ebd. [BA II, 213].

201 Siehe ebd. [BA II, 212].

202 Ebd., 213 [BA IV, 182].

Ausdruck, welches verkennt, dass die «wahrste Wahrheit» nicht durch eine anfängliche, jeden Zweifel niederschlagende Gewissheit verbürgt wird, sondern nur durch ein werdendes Denken, das die Reflexion auf den «Irrtum» einbegreift.[203] Diese Ansicht erinnert spontan an den sich vom Scheine befreienden Begründungsgang des Wissens, den Reinhold und Hegel in ihrer Weise exemplifizieren, wobei sie hiermit allerdings nicht den Systemanspruch des Philosophierens in Abrede stellen wollen.

Dazwischen gibt es freilich auch mildere systemkritische Töne Hölderlins. In Briefen an den Bruder Carl vom März und vom 2. Juni 1796 wird eingeräumt, dass das Ideal der Schönheit nur erreicht, wer «durchs Labyrinth der Wissenschaft hindurchgedrungen» ist.[204] Es wird an eine «Gründlichkeit» des Wissens appelliert, an ein praktisches und theoretisches Wissen, das sowohl «vollständige Kenntniß der Theile» als auch die Fähigkeit, die Dinge in «Eins zusammen» zu bringen, beinhaltet.[205] Dies spricht dafür, dass Hölderlin aus der wenige Monate zuvor mitgeteilten Beschäftigung mit Reinhold vorübergehend gewisse neue Konsequenzen zieht und sich auf Reinholds elementarphilosophische Systemidee zubewegt. Allerdings bleibt auch hier die zuvor geäußerte Ansicht dominant, dass die unterstellte Einheit des Systems nicht ein oberster Grundsatz sein kann. Bei dieser muss es sich um ein «Ideal» der Vernunft handeln, um ein «Sollen».[206]

In einschlägigen Studien[207] ist zu Recht erwähnt worden, dass sich Hölderlins in die Zeit um 1796 fallende kritische Einlassung zu einem mit übertriebenen Gewissheits- und Vollständigkeitsansprüchen einhergehenden Systemdenken auf einen Reinhold-Kontext beziehe, der in erster Linie mit Niethammer in Verbindung zu bringen sei. Hölderlins Bemerkungen decken sich mit Niethammers Aussage, dass das Prinzip, auf dem ein System beruht, nur den Status einer regulativen Idee haben kann und dass demnach ein Systemfundamentalismus im Stile Reinholds und Fichtes nicht mehr zu billigen ist. Dabei ist nicht auszuschließen, dass bereits einige Stellen aus Hölderlins

203 Siehe ebd., 234 [BA VI, 216].

204 Siehe Hölderlin: StA VI, 206 [BA V, 20].

205 Siehe ebd., 208 [BA V, 25].

206 Siehe ebd.

207 Zentral Henrich: Der Grund im Bewußtsein, 366–375; Frank: ‹Unendliche Annäherung›. 27. Vorlesung; Hölderlin und der Deutsche Idealismus. Bd. 2, 255–257.

Magisterspecimen von 1790 in dieser Sache gegen Reinhold zielen. Hölderlin nennt zwar im Blick auf die Gebrechen der philosophischen Systeme unserer Tage Christian Wolff («War diß nicht auch des großen dogmatischen Philosophen Wolfs Fall?»),[208] aber was er hierzu im Einzelnen zu sagen hat, erinnert an damalige Reinhold-kritische Stimmen. Dabei ist vor allem an Flatt und Heydenreich zu denken, auf deren harte Attacken Reinhold im September 1790 replizierte.[209] Flatt und Heydenreich machten seit 1789 bei ihren Beurteilungen von Reinholds Systemidee schonungslos auf die formalistischen Erbkrankheiten einer Philosophie, die von ersten Gründen zu Folgen fortschreiten möchte, aufmerksam und außerdem keinen Hehl daraus, dass ihrer Meinung nach Reinholds Versuch, die Geister mithilfe von Grundsätzen und Systemen aufklären und vereinigen zu wollen, für verfehlt und naiv zu halten sei. Hölderlin urteilt zwar ausgewogener und weniger polemisch, dennoch steht er den genannten Kritikern in der Grundtendenz nahe. In der Meinung, dass Systeme den Sektengeist eher anstacheln denn – wie Reinhold wiederholt prophezeite – zu überwinden vermögen, dürfte er durch Flatt bestärkt worden sein, der Reinholds systematologisches Vereinigungsdenken als künstlich und illusorisch abtat und 1791 in einer anonymen Publikation persiflierte.[210]

Trotz seiner Vorbehalte gegenüber einer postkantischen Systemphilosophie, wie sie von Reinhold um 1789 begründet und seit Mitte der 1790er-Jahre von Fichte und dem jungen Schelling in energischer und effektvoller Weise fortgesetzt wird, verzichtet Hölderlin nicht darauf, zumindest in die Prinzipiendiskussion dieser Denkbewegung einzugreifen. Es scheint, dass er sogar vorübergehend mit dem Gedanken spielt, seine in eigener Sache gewonnenen Ansichten über ein erstes Prinzip der Philosophie mit einer die Stichworte des «Ideals» und der «Annäherung» aufgreifenden Systemidee zu verklammern und auf dieser Grundlage einen gleichsam alternativen systemphilosophischen Beitrag zu leisten. Um Hölderlins Vorhaben in diesem Punkt, das zweifellos Mitte der 1790er-Jahre seinen Zenit erreichte, verständ-

208 Hölderlin: StA IV, 187 [BA II, 212].

209 Man konsultiere Reinhold: Beyträge zur Berichtigung bisheriger Mißverständnisse der Philosophen. Erster Band, 405–446.

210 Siehe Franz: Schellings Tübinger Platon-Studien, 134.

lich zu machen, muss man sich vor allem die prinzipienphilosophische Einsicht, zu der Fichte im unmittelbaren Anschluss an Reinhold gelangte, vergegenwärtigen.

Wie seine Ende 1793 einsetzenden Meditationen zu Reinholds Elementarphilosophie dokumentieren, war Fichte zu der Überzeugung gelangt, dass nicht eine Tatsache des Vorstellens oder Bewusstseins, sondern eine als Selbstsetzung und Selbstbewusstsein auszulegende Handlung des absoluten Ich als das erste Prinzip der Philosophie anzusehen ist. Zu diesem Ergebnis, das wegweisend für den Grundlagenteil seines im Frühjahr 1794 erstmals ausgearbeiteten Systems der Wissenschaftslehre werden sollte, hatte ihn eine ganze Reihe kritischer und konstruktiver Überlegungen zu Reinholds System einer Philosophie überhaupt geführt. Neben der Überwindung der sich als Crux erweisenden kantischen Annahme des unerkennbaren Dinges an sich in Form der Zuwendung zu einem konsequenten Ich-Monismus – einem Denksprung, der, wie wir gesehen haben, einige Jahre später auch bei Reinhold selbst zu einem akuten Bedürfnis werden sollte – war die Bewältigung eines das Systemfundament betreffenden Evidenzproblems von essenzieller Bedeutung. Gegen den Skeptiker Gottlob Ernst Schulze, der an der Existenz eines Vorstellungsvermögens zweifelte, die Gewissheit, Allgemeinheit und den transzendentalen Status der mit dem Satz des Bewusstseins ausgedrückten Bewusstseinsstruktur infrage stellte sowie in dem besagten Satz eine irritierende Vieldeutigkeit in der Verwendung der das Verhältnis von Subjekt und Objekt kennzeichnenden Ausdrücke «Beziehen» und «Unterscheiden» beklagte, argumentierte Fichte dafür, dass sich diese Zweifel und Probleme verflüchtigten, wenn man anstelle der Bewusstseinsstruktur von einem sich selbst setzenden Ich ausgehe. Denn die Einsicht, dass ich bei all meinem Denken, Vorstellen und Wollen existiere, da ich mich in meinem Selbstgefühl unmittelbar wahrnehme, werde der Skeptiker nicht bestreiten wollen. Da der Skeptiker erklärtermaßen die «allgemeine Logik» für den «Probierstein alles Wahren» halte,[211] werde er überdies eine dem logischen Gesetz der Identität und des Widerspruchs korrespondierende Identität, die Ausdruck der Setzungsstruktur des Ich sei, in Fichtes Worten: eine «reale Gültigkeit

211 Vgl. [Schulze]: Aenesidemus oder über die Fundamente der von dem Herrn Prof. Reinhold in Jena gelieferten Elementar-Philosophie, 45.

des Satzes der Identität, und der Gegensetzung»,[212] nicht hinterfragen wollen oder jedenfalls weit eher akzeptieren als die Bewusstseinsstruktur in ihren Momenten des voneinander Unterscheidens und aufeinander Beziehens von Subjekt und Objekt. Seit seiner antiskeptizistischen Intervention war es für Fichte ebenfalls ausgemacht, dass unter dem Ich oder Selbstbewusstsein eine intellektuelle Anschauung in der Bedeutung eines auf sich selbst gerichteten Handelns und Wissens begriffen werden sollte. In dieser Richtung wurde bei der Auseinandersetzung mit dem Begründer der Elementarphilosophie zu verstehen gegeben, dass dieser bei seiner auf das Verständnis von Selbstaffektion zielenden Auslegung des Selbstbewusstseins oder intellektuellen Anschauens noch nicht zum Kern der Sache vorgedrungen sei und noch nicht die nötige konzeptuelle Konsequenz gezogen habe. Dass Fichte mit all diesen Auffassungen im Recht war, ist nicht gesagt, wurde aber in der damaligen philosophischen Öffentlichkeit weitgehend so gesehen. Mitte der 1790er-Jahre galt seine Wissenschaftslehre gemeinhin als das fortschrittlichste nachkantische System. Dabei war für diese Situation nicht zuletzt Schelling mitverantwortlich, der sich die Systemansätze Reinholds und Fichtes in Windeseile aneignete und in seinen 1794 und 1795 erschienenen Schriften Partei für Fichtes Ansicht ergriff, wonach das Prinzip der Philosophie das selbsttätige, selbstmächtige, über ein Vermögen des intellektuellen Anschauens verfügende absolute Ich sei. Alles in allem war um die Mitte der 1790er-Jahre absehbar, dass Fichtes System der Wissenschaftslehre und Schellings mit spinozistischen Anwandlungen unternommene Fortführung der Fichte'schen Ich-Lehre in den kommenden Jahren den Ton angeben werden.

Es ist nicht ersichtlich, wie Hölderlin den Entwicklungsgang von Reinhold zu Fichte, der für damalige Leser mit Fichtes 1794 erschienener «Rezension des Aenesidemus» in einigen Aspekten transparent werden konnte, im Einzelnen rezipierte und auslegte. Aber es ist unbestreitbar, dass ihm der den Standpunkt des Bewusstseins übersteigende Neueinsatz bei einem absoluten Ich suspekt war. Im Brief an Hegel vom 26. Januar 1795 schreibt Hölderlin über den Stand seiner Fichte-Studien, der noch auf die Spätzeit seines Aufenthaltes in Waltershausen zu beziehen sein soll, er habe den Begründer der Wissenschaftslehre des Dogmatismus verdächtigt. Denn Fichte wolle über

212 Fichte: Gesamtausgabe, I/2, 44.

das «Factum des Bewußtseins in der *Theorie* hinaus», und dies sei «eben so gewis, und noch auffallender transcendent, als wenn die bisherigen Metaphysiker über das Daseyn der Welt hinaus wollten».[213] Des Weiteren liest man bei Hölderlin über das seines Erachtens Verfehlte oder Überrissene im Vorgehen Fichtes:

> [S]ein absolutes Ich (= Spinozas Substanz) enthält alle Realität; es ist alles, u. außer ihm ist nichts; es giebt also für dieses abs. Ich kein Object, denn sonst wäre nicht alle Realität in ihm; ein Bewußtsein ohne Object ist aber nicht denkbar, und wenn ich selbst dieses Object bin, so bin ich als solches notwendig beschränkt, sollte es auch nur in der Zeit seyn, also nicht absolut; also ist in dem absoluten Ich kein Bewußtsein denkbar, als absolutes Ich hab ich kein Bewußtsein, und insofern ich kein Bewußtsein habe, insofern bin ich (für mich) nichts, also das absolute Ich ist (für mich) Nichts.[214]

Einige Monate später, in einer vermutlich Ende April 1795 niedergeschriebenen Denkskizze, die in der Stuttgarter Ausgabe unter dem Titel «Urtheil und Seyn» und beginnend mit dem Abschnitt zum Begriff «Urtheil» ediert worden ist, in der Ausgabe von Dietrich Sattler hingegen ausgehend vom Abschnitt «*Seyn* – drükt die Verbindung des Subjects und Objects aus», gibt Hölderlin sodann der Überzeugung Ausdruck, das «*Seyn schlechthin*», wie es uns in und nur in der «intellectualen Anschauung» zugänglich sei, müsse als der wahre, weil ungeteilte und unteilbare Ursprung alles philosophierenden Denkens angesehen werden.[215] Und über das «Ich» wird unter dieser Voraussetzung gesagt, dass es bedeutungsidentisch sei mit «Selbstbewußtseyn», über das Selbstbewusstsein seinerseits, dass es nur aufgrund einer Selbstentgegensetzung vorliege, welche man in ihrem Moment der Selbstheit oder Dasselbigkeit als «Identität» im Sinne des «Ich bin Ich» zu verstehen habe, somit als eine Identität, die nicht höchste Einheit sei, nicht «Vereinigung des Objects und Subjects» heißen könne.[216] Kurzum: Das Ich ist nicht gleichbedeutend mit Sein, mit Vereinigung von Subjekt und Objekt. Das Ich bedeutet Identität seiner selbst, Ich bin Ich, und ist ein Modus der Nicht-Vereinigung,

---

213 Hölderlin: StA VI, 155 [BA IV, 115].

214 Ebd.

215 Vgl. Hölderlin: StA IV, 216 [BA IV, 163].

216 Vgl. ebd., 216f. [BA IV, 163].

der Teilung von Subjekt und Objekt, somit etwas, was nur ein Spaltprodukt des Seins schlechthin darstellt. Es ist nicht absolut, und somit ist die Rede von einem absoluten Ich eigentlich unpassend. Erneut steht damit Fichtes Ich-Lehre kritisch im Visier, wobei es aufgrund sachlicher und terminologischer Anhaltspunkte sehr naheliegend ist, dass Hölderlin gleichzeitig, wenn nicht sogar vornehmlich, gegen die Auslegung dieser Lehre in Schellings zur Ostermesse 1795 erschienener Schrift *Vom Ich als Princip der Philosophie oder über das Unbedingte im menschlichen Wissen* opponiert.[217] Schelling sprach darin auffällig von einer notwendigen Wechselbedingung des «*Seyns*» mit einer höchsten, in und durch sich selbst bestehenden «Identität»[218] wie auch von dem unbedingten Ich, das für sich selbst in «*intellektualer Anschauung*» bestimmt ist[219] und mit dem «die Philosophie ihr Ἑν και παν gefunden» hat[220] – aus der Sicht Hölderlins von begrüßenswerten spinozistischen Idealen, die leider aber durch die Heranziehung des Ich-Begriffs in einer irritierenden, die Sache verzerrenden Gestalt zum Ausdruck gebracht wurden.

Wie der besagten Denkskizze, die Dieter Henrich zufolge als ein Schlüsseltext in der Genese des Deutschen Idealismus eingestuft werden darf, zu entnehmen ist, erscheint Hölderlin der damals von Fichte und Schelling befürwortete Ausgang der Philosophie von einem absoluten oder unbedingten Ich insbesondere deshalb als anstößig, weil das Ich nicht dasjenige Prinzip sein kann, auf dessen Basis sich Sein schlechthin, Sein als Vereinigung von Subjekt und Objekt, angemessen denken lässt. Es versteht sich, dass Hölderlin damit, im Gegenzug gegen die neuere Ich-Philosophie, an ein Verständnis von Sein appelliert, wie es in der Tradition Platons, der Neuplatoniker, gewisser christlicher Scholastiker und Mystiker oder, in der für

217 Die These, dass Hölderlin sich in der Denkskizze in erster Linie mit Schelling auseinandersetzt, kennt inzwischen viele Befürworter. Erwähnt seien Frank: ‹Unendliche Annäherung›, 716; Stiening: Epistolare Subjektivität, 258 f., 289–295; Wegenast: Zu Hölderlins Spinoza-Lektüre und Kritik der Subjektphilosophie, 468 f. Wegenast zeigt dabei, dass Hölderlin, auf den Pfaden Spinozas wandelnd, eine sich steigernde Kritik an Fichte und Schelling ausformuliert.

218 Siehe Schelling: Historisch-kritische Ausgabe, Werke, Bd. 2, 102.

219 Siehe ebd., 106.

220 Siehe ebd., 119.

Hölderlin maßgebenden jüngeren Zeit, auffällig von Jacobi und Herder vertreten oder diskutiert worden ist, an ein Verständnis von Sein überdies, das seit Platons Dialog *Parmenides* zu Meditationen über die Denkfigur Anlass gibt, wonach sich das höchste Eine im Blick auf seine Explikation als ein Alles und im Blick auf seine Bestimmtheit als ein Nichts erweist. Darüber hinaus ist es für Hölderlin bei dieser Kritik an der Ich-Philosophie offenbar auch selbstverständlich, dass der Ausdruck «Ich» nichts anderes als Selbstbewusstsein, Selbstidentität und damit nur unvollständige Vereinigung oder Teilung bedeutet, der für die Vereinigung von Subjekt und Objekt stehende Ausdruck «Seyn schlechthin» dagegen nichts anderes als das außer oder über der Reflexion stehende Eine oder Ungeteilte. Wie spätere Äußerungen bekunden, darf man annehmen, dass Hölderlin fortan den Gedanken eines vorzüglich «Seyn schlechthin» zu nennenden Einen oder Ungeteilten, das man mit Fichtes und Schellings Vorstellungen von absolutem Ich zu kontrastieren hat, entschieden aufrechterhält, dass er aber, was die Verwendung des Wortes «Ich» betrifft, auch offener, experimenteller agiert. Im September 1795 schreibt Hölderlin an Schiller, die «theoretisch» lediglich approximativ einholbare, «ästhetisch» jedoch durch «intellectuale Anschauung» erreichbare «Vereinigung des Subjects und Objects» bestehe in einem «absoluten – Ich oder wie man es nennen will».[221] Man könnte also seines Erachtens das Eine, Ungeteilte, das der Idee der Vereinigung von Subjekt und Objekt entspricht, statt «Seyn schlechthin» auch «Ich» nennen. Allerdings würde dies aus Hölderlins Optik an der Sache, die kritisiert werden soll, nichts ändern. Denn dies würde immer noch bedeuten, dass Fichtes bzw. Schellings absolutes Ich seiner Natur nach ein Ich der Selbstsetzung und des Selbstbewusstseins ist und dass letztlich genau dieses Ich-Profil dazu führt, dass Fichte bzw. Schelling die höchste und wahre Bedeutung von einem absoluten Ich, nämlich die unteilbare und relationslose Einheit, verfehlt, somit gleichsam ein falsches, scheinbares absolutes Ich konstruiert hat. Es sei hier nur am Rande erwähnt, dass Hölderlin mit dieser optionalen Lesart eines wirklichen absoluten Ich einem Ich-Verständnis Vorschub leisten würde, das Friedrich

221 Hölderlin: StA VI, 181 [BA IV, 191].

Schlegel als ursprüngliches Wechselverhältnis von Sein und Ich erörtern und als «Ur-Ich» benennen wird.[222]

Zieht man für eine vertiefende Interpretation von Hölderlins Denkergebnis zu dem Anfang der Philosophie mit einem Sein schlechthin die Erklärungen im Brief an Hegel von Anfang 1795 nochmals heran, neigt man zu der Ansicht, dass dort der radikale Vereinigungsgedanke aus der Denkskizze im Ansatz antizipiert wird, dass jedoch neben der Diagnose einer verletzenden Teilung des Einen noch ein anderer triftiger Grund für den Vorbehalt gegenüber einer Philosophie, die vom absoluten Ich als erstem Prinzip ausgeht, eine Rolle spielt. Fichte, so gilt es Hölderlins Kritik genauer zu umreißen, möchte mit seinem Ausgang von dem absoluten Ich über das Faktum des Bewusstseins «in der *Theorie* hinaus».[223] Hölderlins Formulierung spricht dafür, dass er Fichtes Ansinnen deshalb ablehnt, weil ein zweifaches Gebrechen besteht. Erstens möchte Fichte über das Bewusstsein *hinaus*, er möchte das im Rahmen des Subjekt-Objekt-Verhältnisses Erfahrbare übersteigen, sodass ein Dogmatismus, d. h. ein Rückfall in die erfahrungstranszendente Erkenntnis, die von der vorkantischen Metaphysik behauptet worden ist und die Kant mit seiner Kritik an den «transzendent» zu nennenden Grundsätzen abgewiesen hat,[224] zu befürchten ist. Zweitens möchte er innerhalb der Sphäre der *Theorie* über das Bewusstsein hinaus. Zu monieren ist damit zugleich ein Theoretizismus, das heißt eine Verkürzung des philosophischen Denkspektrums. Hölderlin ist bei diesem Kritikaspekt insgesamt der Ansicht, dass mit dem Fichte'schen Systemprinzip eines absoluten Ich der für den Gesamtbereich des philosophischen Denkens relevanten Differenz von Theorie, Wissen, Reflexion einerseits, moralischer Praxis, Ästhetik, Glauben, Intuition andererseits nicht ausreichend Rechnung getragen wird. Weder der nötige Umfang philosophischen Wissens und Handelns noch die erforderliche Differenzierung in der Darstellung der Vermögensleistungen des Denkenden wird erreicht. Von daher steht der Ausdruck «Seyn schlechthin» für eine Kompositions- und Differenzforderung. Entgegen den Dimen-

---

222 Zu diesem Ansatz bei Friedrich Schlegel siehe Rehme-Iffert: Skepsis und Enthusiasmus, 50–53.

223 Hölderlin: StA VI, 155 [BA IV, 115].

224 Siehe KrV A 296 / B 352 f.

sionierungen Fichtes muss eine Systemidee in Angriff genommen werden, die es von ihrem Umfang her erlaubt, eine Unterscheidung von theoretischer und übertheoretischer Darstellung des Subjekt-Objekt-Verhältnisses geltend zu machen. Dadurch kann gleichzeitig der Dogmatismus, welcher aufgrund einer transzendenten Erkenntnis besteht, vermieden werden.

Ob Hölderlin hier Fichtes eigene Unterscheidung von theoretischer und praktischer Wissenschaftslehre in seinen Einwurf einbezieht und so gerade auch gegen diese Unterscheidung eine kritische Spitze anbringen zu können glaubt, bleibt fraglich. Der Hinweis im Brief an Hegel auf die im praktischen Teil der Wissenschaftslehre dominante «Idee des *Strebens*»[225] lässt darauf schließen, dass Hölderlin Fichtes diesbezügliche Unterscheidung jedenfalls nicht übersehen hatte. Fraglich ist zudem, welche Rolle Hölderlin fortan dem gegen Fichte gerichteten klassisch-kantischen Vorwurf der Transzendenz und des Dogmatismus beimisst, zumal dieser ja nur im Sinne einer Verdächtigung artikuliert worden ist. Doch selbst wenn Hölderlin in diesem Punkt Abstriche macht und Fichte eine reflektiertere Sicht unterstellt, ist eine Kritik an dessen Ausführungen zum absoluten Ich immer noch virulent. Denn es ist offensichtlich, dass für Hölderlin mehr als nur die Tatsache des Hinausschreitens in eine transzendente Sphäre sowie der Befund, dass innerhalb des Bereichs der Theorie hinausgeschritten wird, Stein des Anstoßes sind. Auch die Feststellung, dass es das «Factum des Bewußtseins» ist, über das hinausgeschritten wird, gibt zu Bemängelungen Anlass. Wer Ende 1794 über ein Faktum des Bewusstseins spricht, weiß auch darum, dass Fichte inzwischen mit seinem Ausgang vom Ich eine Tathandlung an die Spitze der Philosophie gestellt und Reinholds Ausgang von einem Bewusstsein, dem der Status einer Tatsache zugedacht wird, für überwunden erklärt hat. Sowohl das *Faktum* als auch das *Bewusstsein* steht durch Fichte in der Kritik. Für Hölderlin ist dies unbefriedigend. Da er, wie seine dichterischen Arbeiten belegen, sein höchstes Prinzip des «Seyns schlechthin» mit Vorstellungen der Einheit, Lebendigkeit, Schönheit, Begeisterung assoziiert, kann er sich mit Fichtes energischem Tätigkeitspathos nur beschränkt anfreunden. Das Skandalon ist hier für Hölderlin der Zielbereich von Fichtes Überschreiten des Faktums des Bewusst-

225 Vgl. Hölderlin: StA VI, 156 [BA IV, 115].

seins und nicht das Überschreiten selbst. Das Höchste, zu dem geschritten wird, kann nicht eine Tathandlung sein.

Wie aus dem Brief an Hegel von Anfang 1795 weiter zu ersehen ist, ist schließlich ein Objektproblem verantwortlich für berechtigte Skepsis gegenüber der Forderung Fichtes, nicht mehr vom Standpunkt des Bewusstseins, sondern von jenem des absoluten Ich auszugehen. Und hier ist für Hölderlin nun auch anstößig, dass es genau das Bewusstsein ist, welches überschritten wird. Hölderlin beklagt einen Objektverlust, der sich zugleich als Bewusstseinsverlust und damit schließlich als Subjektverlust äußert. Ein absolutes Ich schließt, da es alles in sich enthält und deshalb sein Gegenüber im Ursprung bezeichnenderweise als ein Nicht-Ich fasst, das Objekt als gleichwertiges Korrelat aus. Dieser Ausschluss des Objekts kommt damit einem Ausschluss des Bewusstseins gleich. Denn ein «Bewußtsein ohne Object» ist, wie es im Brief an Hegel heißt, «nicht denkbar».[226] Jedes Bewusstsein impliziert die Dreiheit von Subjekt, Vorstellung und Objekt. Wenn dem absoluten Ich kein Objekt und Bewusstsein zukommt, kommt ihm, so gilt es zu komplettieren, auch keine Vorstellung und kein Subjekt zu. Das absolute Ich hat kein Subjekt und ist somit auch nicht für ein Subjekt. Für mich als Subjekt ist es nichts.

Der Objektverlust, den Hölderlin beklagt, erweist sich hier aber auch als Verlust des Objekts in dessen eigener Sache und damit letztlich als Verlust, der sich in einer Depotenzierung des höchsten Seins ausdrückt. Das Objekt unter einer unendlichen Tätigkeit des Ich erleidet einen Realitätsverlust. Da ein unendliches Ich sich selbst alle Schranken setzt, selbst alle Schranken überwindet und wiederum von Neuem setzt, wird das beschränkende Objekt sublimiert, dies selbst dann, wenn dieser Prozess ein unendliches Streben, das beschränkende Objekt somit nie ganz aufgehoben ist. Es fehlt diesem Objekt die Kraft, dem Ich einen realen Widerstand, einen «Widerstand von außen»,[227] entgegenzusetzen. Dabei ist es nicht abwegig, dass sich bei Hölderlin aufgrund dieser Diagnose eine mit Freund Sinclair geteilte Anzweifelung der Setzungsidee Fichtes einstellt.[228] Fichtes absolutes Ich ist ein Ich, das

226 Siehe Hölderlin: StA VI, 155 [BA IV, 115].

227 Siehe ebd., 164 [BA IV, 161].

228 Zu Sinclairs Kritik an Fichtes Setzungsidee, die allerdings weit plakativer und pauschaler ausfällt als bei Hölderlin und die im Postulat einer höchsten Einheit in der Bedeu-

sich selbst und sein Gegenüber setzt, ohne dass ihm etwas Reales, das zu einer Vereinigung paritätischer Relate führen könnte, entgegengesetzt ist. Dies bedeutet nicht mehr nur Ausschluss, sondern auch Beherrschung des Objekts. Und dies seinerseits ist Zeichen totaler Selbstmacht des Ich und völliger Kraftlosigkeit des eine Vereinigung von Subjekt und Objekt garantierenden Seins. Schließlich erklärt sich von dieser Seite vermutlich auch, weshalb Hölderlin im Brief an Hegel Spinozas Begriff der Substanz ins Spiel bringt und so auf die sinnreiche Beschäftigung mit dem Autor der *Ethica* hindeutet, die er in kommenden Gesprächen mit Sinclair noch vertiefen wird. Spinozas unendliche Substanz ist zwar, als spiegelbildliches Gegenstück zu Fichtes absolutem Ich, gleichfalls als ein bewusstseinstranszendentes Prinzip zu verstehen. Doch lässt sich vor dem Hintergrund von Spinozas unendlicher Substanz gleichzeitig ein Gegenprogramm zu Fichtes Theorie des absoluten Ich entwerfen und für Objektanerkennung argumentieren. Die endlichen Einzeldinge, zu denen ebenso selbstverständlich der Mensch als körperlich-geistiges Wesen zu zählen ist, sind hier der unendlichen Substanz unterworfen, stehen aber auch je schon in einem partizipativen Verhältnis zur Substanz. Aus dem Gesichtspunkt des Unterworfenseins der Einzeldinge unter die Substanz wird man nicht umhinkönnen vorauszusetzen, dass der Mensch nicht leidensfreier Geist, somit keinesfalls über der Natur stehen, unmöglich nicht ein Teil der Natur sein kann («Fieri non potest, ut homo non sit Naturae pars»).[229] Aus der partizipativen Sicht wird man aber zugleich behaupten wollen, dass das Vermögen des seinem Wesen nach existierenden Menschen ein Teil des unendlichen Vermögens Gottes oder der göttlichen Natur («pars [...] infinitae Dei, seu Naturae potentiae») ist.[230] Das im Banne von Spinozas Substanzbegriff stehende Gegenprogramm zu Fichte bestünde demnach darin, dass ein egalitärer, den Vorrang menschlicher Subjektivität vor allen anderen Objekten eindämmender Effekt zugelassen sowie die Möglichkeit

---

tung eines athetisch-ästhetischen Ursprungs gipfelt, siehe Hannelore Hegel: Isaak von Sinclair zwischen Fichte, Hölderlin und Hegel, 267–283. Nach Sinclair ist Setzen seinem eigentlichsten Wesen nach Trennung: «Trennen ist besser gesagt als reflectiren und sezen» (267)

229 Spinoza: Ethica. Pars IV, Prop. IV.

230 Ebd., Pars IV, Prop. IV, Demonstratio.

eröffnet wird, ein Hinausgehen über das Faktum des Bewusstseins nicht in der Theorie oder Pflichtmoral, sondern in einem liebend-ethischen Geiste zu denken, ein Hinausgehen, das mit dem emphatischen und empathischen Gedanken der Erhebung der Einzeldinge zum Sein schlechthin einhergeht.

Interpretiert man Hölderlins Mitteilung über ein absolutes Ich, das uns das Denkresultat eines Objekt- und Bewusstseinsausschlusses aufnötigt, im Zusammenhang der in der Denkskizze ausgesprochenen Behauptung, dass das Ich oder Selbstbewusstsein Ausdruck nicht von Vereinigung, sondern von Teilung, Entgegensetzung von Subjekt und Objekt, somit im Generellen nicht anders als das Bewusstsein strukturiert ist, wird nahegelegt, dass ebendiesem Selbstbewusstsein, wenn es als absolutes Ich genommen wird, dasselbe Schicksal widerfährt wie dem Bewusstsein. Nicht nur das Bewusstsein, sondern auch das Selbstbewusstsein ist von einem Ausschluss betroffen. Aus der Eigenperspektive des Selbstbewusstseins heißt dies, dass ein Selbstausschluss vorliegt, dass das Selbstbewusstsein sich iterativ bestätigt und negiert. Das Selbstbewusstsein ist deshalb, in weiser Voraussicht auf den zu vermeidenden Selbstausschluss, im Horizont nicht des absoluten Ich, sondern der Bewusstseinsstruktur zu deuten. Der in der Denkskizze ausgesprochene Gedanke, wonach das Selbstbewusstsein dadurch ermöglicht wird, «daß ich mich mir selbst entgegenseze, mich von mir selbst trenne, aber ungeachtet dieser Trennung mich im entgegengesezten als dasselbe erkenne»,[231] ist insofern eine dezidierte Aufforderung, das Selbstbewusstsein, auch wenn ihm eine Gegenläufigkeit zur Entgegensetzung immanent ist, als Spielart des Bewusstseins zu lesen. Und auf dieser Basis muss Hölderlins kritischer Gedanke zum absoluten Ich Fichtes bzw. Schellings im Nachhinein lauten: Indem Fichte bzw. Schelling das Selbstbewusstsein, das sich für uns nur als eine Spielart des Bewusstseins denken lässt, zum absoluten Ich erhebt, wird nicht, wie er fälschlich annimmt, ein präreflexives Ich erreicht, sondern vielmehr die Vorstellung eines Ich, das sich selbst ausschließt. Das «absolute Ich» ist deshalb, wie Hölderlin sinnigerweise sagen kann, «(für mich) Nichts», und ich selbst bin somit «(für mich) nichts».[232] Ein Sein, eine Substanz, ein Ich oder ein wie auch immer zu nennendes Absolutes wird für

231 Hölderlin: StA VI, 217 [BA IV, 163].

232 Ebd., 155 [BA IV, 115].

mich streng genommen erst etwas, wenn ich den theoretischen Zugang, bei dem ich immer nur approximativ nach einem Ideal des Absoluten streben kann, somit das Absolute als solches nicht zu erfassen imstande bin, verlasse, kurzum: wenn ich nicht mehr in der Rolle des theoretischen Ich bin. Nur bei einem unverkürzten praktischen oder ästhetischen Zugang wird das Absolute für mich in unmittelbarer Weise ein Etwas und werde ich für mich in unmittelbarer Weise etwas. Im Blick auf den theoretischen, der Vermittlung bedürftigen und mit dem Gedanken der Approximation operierenden Standpunkt ergibt sich, wenn wir Hölderlins Aussagen weiter extrapolieren, dass «für mich» oder in meinem Bewusstsein etwas dann ist, wenn auch ein Objekt vorhanden ist, wenn somit eine Relation von Subjekt und Objekt besteht. Und nur wenn eine solche Relation besteht, ist auch Selbstbewusstsein für mich etwas und nicht nichts.

Damit ist allerdings noch wenig darüber gesagt, wie das Selbstbewusstsein unter der Bedingung, dass die Relation besteht und akzeptiert wird, genauer zu denken ist. In dieser Sache darf man, was Hölderlin angeht, davon ausgehen, dass er das «ich» oder «für mich» nicht nur als Anzeige dafür liest, dass eine Vorstellung *für* das Subjekt gegeben, bewusst, präsent sein muss. Das «ich» oder «für mich» steht bei ihm offenbar auch für ein (*mein*) individuelles Subjektbewusstsein sowie für ein Bewusstsein der eigenen Akteurrolle.[233] Ein «ich» oder Selbstbewusstsein, das aus der Sicht Hölderlins als Alternative zu Fichtes absolutem Ich zu denken wäre, müsste demnach erstens ein zugleich mit der Subjekt-Objekt-Relation bestehendes, zweitens ein individuelles und drittens ein der Fähigkeit der Selbstzuschreibung mächtiges Ich sein. Ein auf einer Metaebene angestellter Vergleich mit Grunderklärungen Fichtes zu seinem Ich-Begriff würde dabei wohl ergeben, dass bei den ersten beiden Momenten in der Tat eine Differenz mit Hölderlin auszumachen ist, bei dem dritten Moment aber offenbar Konsens besteht. Mit dem Vorschlag, das «ich» als Akt einer Selbstzuschreibung zu lesen, würde Hölderlin bei Fichte offene Türen einrennen.

233 Zu Hölderlins vielschichtiger, die Bedeutungen der Individuierung und Selbstbeziehung einschließender Verwendung des «für mich» siehe Henrich: Der Grund im Bewußtsein, 383–387, 433–462.

Wie man die interpretatorischen Leerstellen bei den betreffenden Problementfaltungen und Problemlösungen auch immer ausfüllt, als unverrückbar stellt sich heraus, dass Hölderlin in der Summe seiner prinzipienphilosophischen Überlegungen einen als theoretisch zu charakterisierenden Standpunkt des Bewusstseins und bewusstseinsimprägnierten Selbstbewusstseins mit einer in grundsätzlicher Weise als ästhetisch zu qualifizierenden Ausrichtung auf das Absolute verbindet, wobei dem Absoluten aus genannten Gründen der Ausdruck «Seyn schlechthin» zugedacht werden soll. Hierdurch zeichnet sich ebenfalls ab, dass Hölderlin den Bewusstseinsstandpunkt und nicht jenen des Ich als Matrix des in die Reflexion eintretenden Absoluten betrachtet.

Mit diesem Ergebnis lässt sich abschließend nun gerade eine signifikante Affinität Hölderlins mit Reinholds elementarphilosophischem Bewusstseinsdenken einsichtig machen. Nicht nur Hölderlins Verwendung des Ausdrucks «Factum des Bewußtseins» verweist auf Reinhold, sondern auch Hölderlins Befürwortung des Bewusstseinsstandpunktes gegenüber jenem des absoluten Ich. Für Hölderlin geht es zwar nicht um die bei Reinhold um den Ausdruck «Faktum» kreisende Evidenzfrage des Bewusstseins, jedoch um Reinholds antidogmatische Ausrichtung, welche zur These der Unvorstellbarkeit von Objekt an sich und Subjekt an sich geführt hat, sowie, und dies vor allem, um die bei Reinhold behandelten strukturellen Bestimmungen zu den Begriffen des Bewusstseins und Selbstbewusstseins. Und unter diesem Gesichtspunkt ergibt sich eine äußerst beachtenswerte Parallele.

Reinhold bringt, wie wir gesehen haben, das Bewusstsein konsequent als eine triadische Struktur von Subjekt, Objekt und Vorstellung zur Geltung. Auch das Selbstbewusstsein wird von ihm im Rahmen dieser Struktur expliziert, dies in der Einsicht, dass sich der hierbei einstellende Gedanke einer absoluten «Identität» von Subjekt und Objekt zwar gegen diese Struktur sperrt, aber auch nur mittels ebendieser Struktur für uns als vorstellende Wesen kenntlich machen lässt. Mit anderen Worten: Reinhold ist der Auffassung, dass die dem Selbstbewusstsein eigentümliche und im Medium eines intellektuellen Anschauens unmittelbar zugängliche absolute Identität von Subjekt und Objekt bei aller Präreflexivität zugleich vermittelt, bewusst, gegenwärtig gemacht werden muss. Dies heißt, dass die im Medium des intellektuellen Anschauens bestehende Identität von Subjekt und Objekt uns im Bereich des Vorstellens nur bewusst und gegenwärtig ist, wenn sie in

Form der Bewusstseinsstruktur erscheint. Und in diesem Falle kann die absolute Identität von Subjekt und Objekt nichts anderes bedeuten, als dass das Subjekt sich auf sein eigenes, inneres Objekt bezieht. Als Form bezieht das Subjekt sich auf seinen eigenen, inneren Stoff, als Spontaneität auf seine eigene, innere Rezeptivität.

Bei Hölderlin seinerseits macht sich gleichfalls das Bestreben bemerkbar, das Ich oder Selbstbewusstsein ausgehend von der Bewusstseinsstruktur zu erschließen[234] und zu zeigen, dass man hier an einen Punkt gelangt, an dem das Selbstbewusstsein sich in der Bedeutung einer Einheit von Subjekt und Objekt ankündigt, und dass ebendiese Bedeutung sich zwar gegen die Bewusstseinsstruktur, die eine Beziehung und Unterscheidung impliziert, sperrt, sich jedoch nicht anders als in Form der Bewusstseinsstruktur explizieren lässt. In diesem Sinne wird bei Hölderlin eine «Seyn schlechthin» zu nennende und als «Vereinigung» auszulegende Einheit von Subjekt und Objekt vorausgesetzt, die sich als unbegreiflich und begreiflich zugleich erweist. Die besagte Einheit ist, so Hölderlin, in der Theorie unbegreiflich und deshalb, um genuin erfasst werden zu können, auf einen übertheoretischen Zugang im Medium der intellektuellen Anschauung angewiesen. Sie muss aber im Bereich der Theorie auch wiedergegeben, begreiflich gemacht werden. Wird sie im Bereich der Theorie begreiflich, bewusst, gegenwärtig gemacht, muss die Struktur des Bewusstseins zur Geltung kommen.

Zweifellos sind in dieser Sache die unterschiedlichen Ausgangslagen mit einzubegreifen. Der Elementarphilosoph Reinhold der Jahre 1789 und 1790 hat seine Identität von Subjekt und Objekt als gleichbedeutend mit Selbstbewusstsein gefasst. Insofern deckt sich sein Resultat in der Skalierung der Begriffe nicht mit Hölderlins Vereinigung des Subjekts und Objekts, die, mitbedingt durch eine post-fichtische Denklage, erklärtermaßen über dem

234 Zur Überstimmung Hölderlins mit Reinhold in Bezug auf diesen prima facie bewusstseinstheoretischen Zugang zum Selbstbewusstsein wie auch zur Problematik dieses Zugangs in Bezug auf den Ausgangspunkt Fichtes siehe Stolzenberg: Selbstbewusstsein, 472–478; sowie Frank: ‹Unendliche Annäherung›, 726–730. Es versteht sich meines Erachtens, dass das Vorgehen Reinholds und Hölderlins unbefriedigend ist, wenn man in Übereinstimmung mit Fichte den umgekehrten Weg beschreitet und voraussetzt, dass es ein präreflexives selbstbezügliches Ich als Bedingung für ein Begreifen von Selbstbewusstsein auf der Stufe des Bewusstseins anzunehmen gilt.

Selbstbewusstsein steht. Im Unterschied zu Reinhold verwendet Hölderlin die der höheren Stufe des Seins entsprechende «Vereinigung» deshalb auch gezielt in Abhebung von der «Identität», die seines Erachtens ein Wesenscharakteristikum von Selbstbewusstsein darstellt.[235] Desgleichen bestehen Unterschiede in der Zielsetzung. Reinhold geht es, wenn er über Selbstbewusstsein oder intellektuelles Anschauen spricht, in der Quintessenz um die Kenntlichmachung eines Vermögens der Selbstaffektion, das der Aktualisierung von im Vorstellungsvermögen bestehenden Formen dient. Hölderlin hingegen will mit seiner Idee der Vereinigung und intellektualen Anschauung die Auffassung des Absoluten auf eine angemessene Weise zum Ausdruck bringen.[236] Und mit dieser Zielsetzung dürfte Hölderlin wohl auch, im

235 Es sei hier nur am Rande darauf hingewiesen, dass Hölderlin mit dieser hiatischen Abhebung der Vereinigung als Sein gegenüber der Identität als Selbstbewusstsein eine Unschärfe in Kauf nehmen würde, wenn er vor diesem Hintergrund eine immanente, an der Frage der Dasselbigkeit und des Selbstbezugs des Ich festgemachte Kritik am Fichte'schen Begriff des Selbstbewusstseins intendierte. Fichtes Verständnis des Ich oder Selbstbewusstseins im Sinne eines unmittelbaren, präreflexiven Selbstbezugs wird dem Sinne nach weder durch den bewusstseinstheoretischen Zugang noch durch den seinsphilosophischen Ausgang von einer höchsten Vereinigung von Subjekt und Objekt abgedeckt. Es bestünde bei einer solchen optionalen Kritik somit eine weitere, dritte Deutung, die Hölderlin nicht zur Diskussion stellen würde. Siehe zu diesem Problempunkt Stolzenberg: Selbstbewusstsein, 476.

236 Vor dem Hintergrund dieser funktionalen Differenz verzweigen sich auch die Deutungen von intellektueller Anschauung. Bei Reinhold steht die intellektuelle Anschauung, wie wir gesehen haben, für eine ursprüngliche Einheit, die am Selbstbewusstsein als selbstbezüglicher Bewusstseinsstruktur festgemacht ist, bei Hölderlin hingegen für eine das Sein schlechthin einholende, sich im Begriff der Schönheit bündelnde ästhetische Vereinigung, die bald mit einem ästhetischen Vermögen der Aufhebung von Differenzen, bald mit einer theoretisch-ästhetischen Ausdrucksweise der höchsten Einheit und ihrer Differenzsetzungen in Verbindung gebracht wird. Zu Einzelheiten von Hölderlins ästhetischem Verständnis von intellektueller Anschauung, welches sich aufgrund der Ich-Kritik auch von Fichtes epistemischem Verständnis einer dem selbsttätigen Ich eigentümlichen intellektuellen Anschauung abhebt, lebensphilosophische Akzente aufweist und dabei auch eine gewisse Nähe zu Schellings kommender naturphilosophischer Ausdeutung dieses Begriffs verrät, siehe Meinhold: Die Deutung des Schönen, 376–379, 388–391; Stiening: Epistolare Subjektivität, 281–289.

Unterschied zum Elementarphilosophen Reinhold, einem starken Monismus das Wort reden, zumal das Absolute ausdrücklich als höchste Einheit und Vereinigung genommen werden und in dieser Bedeutung als Konstruktionsprämisse einer Systemkomposition fungieren soll. Doch ändert sich hiermit nichts am Befund, dass ein Konsens in der Konzipierung des Verhältnisses von Reflexivität und Absolutheit besteht. In beiden Fällen wird davon ausgegangen, dass es eine unmittelbare, über der Reflexion stehende Einheit von Subjekt und Objekt gibt, die in einem notwendig mit Beschränkungen einhergehenden Vermittlungsmodus darzustellen ist und dabei lediglich in Form einer einfachen oder höherstufigen Bewusstseinsstruktur und keiner anderen dargestellt werden kann. Wenn von Ich oder Selbstbewusstsein die Rede ist, handelt es sich, so Hölderlin im Einklang mit Reinhold, entweder um eine Variante der Bewusstseinsstruktur oder um einen anderen (Hölderlin zufolge eigentlich unpassenden und deshalb besser durch «Sein» zu ersetzenden) Ausdruck für die an sich unbegreifliche Einheit von Subjekt und Objekt.

Hinzu kommt, dass sowohl bei Reinhold als auch bei Hölderlin die Befürwortung der Bewusstseinsstruktur mit der Anerkennung des Objekts und des der Objektseite zukommenden rezeptiven Vermögens in unserem Gemüt assoziiert wird. Der Standpunkt des Bewusstseins wird so bezeichnenderweise auch in beiden Fällen dahingehend als der richtige betrachtet, dass das Subjekt bei aller Selbstbezüglichkeit ein äußeres Objekt kennt und insofern einen Widerstand von außen erfährt. Schließlich wird in beiden Fällen angenommen, dass es eine Auffassung des Absoluten zu supponieren gilt, mit welcher das Denken eines Faktums des Bewusstseins sowohl affirmiert als auch überschritten wird. Das Faktum des Bewusstseins wird affirmiert, da das Absolute sich nur in der Bewusstseinsstruktur vorstellend äußert (Reinhold) oder theoretisch darstellt (Hölderlin). Es wird überschritten, indem das Absolute sich uns in einem der Vorstellungsstruktur vorausliegenden (Reinhold) oder übertheoretischen (Hölderlin) Zugang ankündigt. Bei Hölderlin ist das so gefasste Absolute der sich in der Idee der Vereinigung von Subjekt und Objekt manifestierende ästhetische Sinn, bei Reinhold in einer ersten Phase seines elementarphilosophischen Systemdenkens das unvorstellbare Ding an sich, das sich vor dem Hintergrund der Systemprämissen sowohl als Objekt an sich als auch als Subjekt an sich interpretieren lässt, in einer zweiten Phase ein im praktisch-religiösen Bereich vernehmbarer höchster Grund. Wie wir erwähnt haben, integriert Reinhold ab 1792 ein praktisches Fundament der Freiheit des Willens in die Bewusstseinsaxiomatik, dem er ab Mitte der 1790er-Jahre den Vorrang vor dem theoretischen Fundament des Erkennens zuerkennt. Damit geht Reinhold dazu über, dem zur Willensfreiheit und Moral gehörenden moralisch-religiösen Gewissen eine ähnliche Stellung und Funktion einzuräumen wie Hölderlin dem ästhetischen Sinn. Das Gewissen steht über der Sphäre des Bewusstseins und kündigt Höheres, Göttliches an.

Ob Hölderlin durch sein gegen Ende 1794 einsetzendes Fichte-Studium nicht nur zu den im Geiste Fichtes verfassten Schriften seines Freundes Schelling geführt wurde, sondern bereits auch zu der Niethammer Anfang 1796 mitgeteilten Beschäftigung mit Reinhold, ist nicht bekannt. Es ist aber anzunehmen, dass Hölderlin, um sich über Sinn und Zweck einer Philosophie zu verständigen, die mit dem Faktum des Bewusstseins anhebt, Texte Reinholds oder seiner Schüler zum Bewusstseinsbegriff zurate gezogen hatte. In diesem Kontext gilt es daran zu erinnern, dass es um 1795 nicht nur Schüler Reinholds gab, die, wie insbesondere Erhard und Niethammer, zwar das Moral- und Naturrechtsdenken ihres Lehrers fortführten, dessen Grundsatzphilosophie im theoretischen Bereich jedoch skeptisch gegenüberstanden. Es existierten auch Schüler oder Anhänger Reinholds, die in dieser Phase immer noch dessen theoretischen Ansatz hochhielten und die Analysen zum Faktum und zur Struktur des Bewusstseins getreu wiedergaben und gegen skeptizistische Einwände durchzufechten versuchten. Hervorzuheben sind hier der in Erlangen lehrende Johann Heinrich Abicht sowie der im katholischen Mainz wirkende Johannes Neeb, den Hölderlin interessanterweise in die Liste potenzieller Mitarbeiter bei seinem Zeitschriftenprojekt «Iduna» aufnehmen wird.[237]

Abicht sprach sich damals in vielen seiner Publikationen für eine betont gefühlsphilosophische Lesart von Reinholds Bewusstseinstheorie und Lehre über den freien Willen aus. In seinem 1794 veröffentlichten *Hermias oder Auflösung der die gültige Elementarphilosophie betreffenden Aenesidemischen Zweifel* trat er vor diesem Hintergrund mit dem Bestreben hervor, Reinholds Bewusstseinsstruktur zu festigen, indem er den Satz des Bewusstseins in

237 Siehe Hölderlin: StA VI, 357 [BA VIII, 7].

einen «*Saz der Beseelung*» transformierte, der lautet: «*Es gibt Beseelung in uns als ein so und nicht anders zu denken Gegebenes*».[238] Abicht wandte sich hiermit gegen die missverständliche, Reinholds Intention verfehlende Deutung von dem Faktum des Bewusstseins als Faktum *im* Bewusstsein. Gleichzeitig betonte er, dass von Bewusstsein in sinnvoller Weise nur unter der Bedingung eines gegebenen Etwas sowie eines Subjekts in der Perspektive des «in uns» gesprochen werden könne.[239] Das «in uns» oder «in mir» sollte dabei nach dem Modell von «Inhärenzen», die zu einem «Ichsubstrat» gehören, gelesen werden.[240] Abicht befand sich mit dieser Sichtweise in einer Zwischenlage zwischen den Standpunkten Reinholds und Fichtes. Die verlangte Abhebung der Inhärenzen von einem Ichsubstrat war offensichtlich als Spitze gegen eine Konzeption des absoluten Ich nach dem Vorbild von Spinozas Substanz gedacht.

Was Neeb betrifft, veröffentlichte dieser 1795 den ersten Teil eines *Systems der kritischen Philosophie auf den Satz des Bewustseyns gegründet*, in dem er ausführlich auf die bei Reinhold entwickelten Strukturmomente des Bewusstseins und Selbstbewusstseins einging und diese mit neuen Differenzierungen anreicherte. So ist ersichtlich, dass Neeb neben dem die Dreiheit von Subjekt, Objekt und Vorstellung implizierenden Faktum des Bewusstseins gleichfalls ein «Grundfaktum des menschlichen Gemüthes» diskutiert, mit dem die Unzertrennlichkeit von Vorstellung und Bewusstsein behauptet wird. Neeb will damit eingeschärft wissen, dass jedes Vorstellen ein Vorstellen von Etwas sowie ein Vorstellen für ein Subjekt sein muss: «Ich kann *mir* nichts vorstellen, ohne mir bewust zu seyn; ich kann mir nicht bewust seyn, ohne mir etwas vorzustellen. Sich bewust seyn, und sich doch nicht *Etwas*, das man sich vorstellt, bewust seyn; vorstellen, und *sich* etwas nicht vorstellen, ist gleich unmöglich.»[241] Aufgrund seiner Akzentuierung einer für mich seienden Vorstellung von etwas kommt es nicht von ungefähr, dass Neeb das «sich» Vorstellen im Falle des Selbstbewusstseins sowohl aktiv als Tätigkeit

238 Siehe Abicht: Hermias oder Auflösung der die gültige Elementarphilosophie betreffenden Aenesidemischen Zweifel, 79.

239 Siehe ebd., 19.

240 Siehe ebd., 84.

241 Neeb: System der kritischen Philosophie auf den Satz des Bewustseyns gegründet, 1. Theil, 22.

des vorstellenden Ich («mich» vorstellen) als auch passiv als Prozess des Vorgestelltwerdens von etwas für das Ich («mir» vorstellen) interpretiert.[242] Anders als noch bei Reinhold wird bei Neeb zudem das Strukturmoment des Vorstellens «für» ein Subjekt eigens erörtert und dafür argumentiert, dass eine Vorstellung für mich und nicht für ein anonymes Ich vorstellbar sein muss. Ferner ist Neeb Reinhold insofern einen Schritt voraus, als er das erklärte Grundfaktum auch mit der Position Fichtes konfrontieren kann und dieser entgegnend behauptet, dass sich das Objekt aus dem Nicht-Ich nicht begreifen lässt, mit anderen Worten: «die allgemeinste Form des Objekts nicht analytisch aus dem Begriffe des Nicht-Ich herausgezogen werden kann».[243] Hinwiederum ganz in Übereinstimmung mit dem Problemstand Reinholds von 1789 und 1790 begreift Neeb schließlich die «intellektuelle Anschauung» als Zugangsmedium zu dem als ursprüngliche «Identität» von Subjekt und Objekt zu begreifenden Selbstbewusstsein.[244]

Falls Hölderlin die Werke Abichts und Neebs im Laufe von 1795 zur Hand hatte, konnte er darin ohne Zweifel ihm zusprechende Auslegungen der Bewusstseinsstruktur entdecken. Das Faktum des Bewusstseins wird bei Abicht und Neeb so interpretiert, dass ein *Objekt* des Bewusstseins unabdingbar ist und dass im Blick auf das Subjekt des Bewusstseins *mein* Bewusstsein und dadurch mein individuelles «ich» gegen ein absolutes Ich zur Geltung gebracht wird. Die Reinhold-Interpreten bewegen sich bei alledem aber klarerweise innerhalb eines gefühlsphilosophischen Interpretationsdesigns ihres Ideengebers. Eine intellektuelle Anschauung, die Schlüssel zu einer höherartigen Vereinigung von Subjekt und Objekt und Zugang zu ästhetischer Erfahrung ist, steht auch bei ihnen nicht zur Diskussion.

242 Siehe ebd., 38.

243 Ebd., 76.

244 Siehe ebd., 34.

### f) Unterschiedliche Ansichten zu den Forderungen der Zeit und neue Nähe im Prinzipiendenken

Als Hölderlin im Februar 1796 Niethammer mitteilte, er habe sich «Kant und Reinhold vorgenommen»,[245] war er nicht mehr bei seinem Studium in Jena, sondern, nach einem Aufenthalt in der engeren Heimat, seit rund zwei Monaten in Frankfurt als Hauslehrer bei der Familie Gontard. An der inspirierend wirkenden Beziehung zur Jenaer Philosophie und an der Gemeinschaft mit Niethammer änderte sich damit vorerst wenig, bestand doch nach wie vor der erwähnte Plan, für dessen *Philosophisches Journal* Beiträge unter dem Titel«‹Neue Briefe über die ästhetische Erziehung des Menschen›» niederzuschreiben.[246] Doch machte sich seither ein weiteres personelles und intellektuelles Beziehungsgefüge bemerkbar und verflocht sich mit der Jenaer Denkperspektive. Im Laufe von 1795 entspann sich die tiefere persönliche Freundschaft zwischen Hölderlin und dem Tübinger und Jenaer Studenten sowie späteren Diplomaten Isaak von Sinclair. Die Gespräche der beiden drehten sich, wie jene zwischen Hölderlin und Niethammer, um Fichte und die kantische Philosophie. Doch war es auch die Begeisterung für die Französische Revolution und das Bedürfnis, gleichfalls in den deutschen Staaten die politischen Verhältnisse radikal zu verändern, was beide im Geiste inniger verbinden sollte.

Ende 1796 kam es für Hölderlin zudem zu dem sehnlichst erwarteten Wiedersehen mit dem Stiftsfreund Hegel, der sich drei Jahre als Hofmeister in Bern und Tschugg aufgehalten hatte und Anfang 1797 eine neue Hofmeisterstelle in Frankfurt antreten konnte. Sinclair und Hegel zählten danach zusammen mit Hölderlin zum Nukleus eines Frankfurt-Homburger Gesprächskreises, der sich den Namen eines «Bundes freier Geister» zulegte. Es ist bekannt, dass in dem besagten Gesprächskreis die philosophischen Ansichten Hölderlins von 1795 über das Verhältnis von «Seyn schlechthin» und absolutem Ich als Ausdruck einer ursprünglichen Teilung zusammen mit pantheistischen Ideen der Ein-Allesheit und variantenreichen dialektischen Denkfiguren der Einheit von Einheit und Differenz eine tragende Rolle

245 Hölderlin: StA VI, 202 [BA V, 18].

246 Ebd., 203 [BA V, 19].

spielten.[247] Durch die Frankfurter Gemeinschaft mit Hölderlin widmete sich der in den Berner Jahren noch vorwiegend an der Anwendung kantischer Resultate interessierte Hegel neuen spekulativen Vereinigungsideen.[248] Er notierte sich Gedanken über eine sich in der Kopula des Urteils spiegelnde Gleichbedeutung von «Vereinigung und Seyn» sowie über eine höchste dialektische Einheit der «Verbindung der Verbindung und der Nichtverbindung».[249] Es handelt sich um Ideen und Ideenkonfigurationen, die er als Bausteine zu der nach 1800 einsetzenden Errichtung eines Systemgebäudes der Logik und Metaphysik verwenden konnte. Außerdem gilt es als sehr wahrscheinlich, dass die von Ende 1796 oder Anfang 1797 stammende, unter dem Titel «ältestes Systemprogramm des deutschen Idealismus» bekannte philosophische Systemskizze in den Kontext dieses sich um den Frankfurter Hölderlin bildenden Kreises zu stellen ist. Blickt man unter der Einbeziehung von Reinholds Denkweg auf Hölderlins Frankfurter Denkansätze, springen zwei Tendenzen ins Auge. Zum einen kam es im Kreis um Hölderlin offenkundig zu einer Radikalisierung von Reinholds Programmatik der Aufklärung und Weltveränderung. Zum anderen kam es in der Sache zu einer sich herauspointierenden Übereinstimmung im Prinzipiendenken, dies namentlich in Bezug auf die Annahme, wonach ein höchstes Eines oder Sein über das Ich gestellt werden soll. Die hinter dieser Annahme steckenden Motive sind dabei zum Teil aber unterschiedlich.

Beginnen wir mit der ersten Tendenz, bei der wir auf die besagte Systemskizze von Ende 1796 oder Anfang 1797 zu sprechen kommen müssen.

247 Man konsultiere zu den philosophischen Diskussionen in diesem Kreis neben den Frankfurter Texten Hegels und Hölderlins die «Philosophischen Räsonnements» Sinclairs, in denen Fichte-kritische Motive wie die Substitution des absoluten Ich durch Spinozas Substanz und die Kontrastierung der Setzungsidee mit einer Idee der Athesis eine zentrale Rolle spielen (siehe Hannelore Hegel: Isaak von Sinclair zwischen Fichte, Hölderlin und Hegel, 243–283), sowie die Aufzeichnungen «Ueber das Alles» des Bundmitgliedes Jacob Zwilling, die Einblick in ein dialektisches Denken der Einheit und Differenz gewähren (siehe Jacob Zwillings Nachlass, 63–65).

248 Zu den thematischen Schwerpunkten von Hegels Denken der Berner und Frankfurter Jahre auf der Grundlage der jüngsten Forschungsergebnisse siehe Bondeli: Der philosophische Entwicklungsgang des frühen Hegel.

249 Siehe Hegel: Gesammelte Werke, Bd. 2, 11, 344.

Diese ist in Hegels Handschrift überliefert,[250] was aber nicht heißen muss, dass Hegel ihr geistiger Autor bzw. ihr alleiniger geistiger Autor ist. Zweifel an einer ausschließlichen Autorenschaft Hegels haben ihren Grund darin, dass sich dessen fragmentarische Denkversuche aus der Berner Zeit doch großenteils noch kaum im Rahmen von Systemüberlegungen bewegen und dass gewisse zündende Einsichten in der Systemskizze überdies weit signifikanter an Schelling oder Hölderlin denken lassen. Bisherigen Recherchen zufolge konnte die genauere Herkunft des Dokuments nicht aufgeklärt werden. In der Interpretation wird die geistige Verfasserschaft der Systemskizze bald Hegel, bald Schelling, bald Hölderlin oder auch einer Koproduktion innerhalb dieses Dreigestirns zugeschrieben. Weitgehend Konsens besteht darin, dass eine noch anderweitige Mitwirkung am Entstehen der Systemskizze eher auszuschließen ist. Auch abgesehen von der Herkunftsfrage ist das Dokument Gegenstand unzähliger Interpretationen. Die Systemskizze versammelt Einsichten, Ideen und Forderungen, die damals teils seit längerem kursierten, teils eher neuerer Art waren.

Es ist zu konstatieren, dass die am Beginn der Systemskizze stehende Äußerung, wonach «die ganze Metaphysik künftig in die *Moral* fällt»,[251] ihre sachliche Wurzel in einem frühen Stadium der eigenwilligen Kant-Auslegung hat. Sie ist interessanterweise einem Grundgedanken nachgebildet, den Reinhold rund zehn zuvor als erster entschieden ausgesprochen hat. Wie wir erwähnt haben, war in einem von 1787 stammenden Text der *Briefe über die Kantische Philosophie* spontan davon die Rede, dass der «moralische Erkenntnißgrund» aus der *Kritik der reinen Vernunft* künftig als Träger aller Erkenntnisse betrachtet werden soll, welche die «Metaphysik» und darunter ein künftiges theologisches Denkgebäude ausmachen. Ausgehend von dem moralischen Erkenntnisgrund erhalten, so Reinholds damalige Annahme, «die *Notionen*, welche von der *Ontologie*, *Kosmologie* und *Physikotheologie* zum Lehrgebäude der reinen *Theologie* geliefert werden, auf einmal Inhalt, Zusammenhang und durchgängige Bestimmung».[252] Reinhold war also damals gleichsam auf dem Sprung, ein System der Metaphysik in Angriff zu

250 Siehe ebd., 615–619.

251 Ebd., 615, Z 2.

252 Reinhold: RGS 2/1, 113.

nehmen, dessen Fundament Kants praktische Postulatenlehre zu bilden hatte. Er schlug dann allerdings einen anderen Hauptweg ein, ging er doch 1789 dazu über, ein Gesamtsystem der Philosophie auf der Grundlage des Vorstellungs- oder Bewusstseinsbegriffs zu errichten. Dabei kam, wie seit 1792 ersichtlich wurde, der alte Plan eigens im praktischen Systembereich wiederum zum Zug und lag unterdessen auch in einer weit konkreteren Gestalt vor. An der Spitze des betreffenden Systemteils stand nicht mehr ein allgemeiner Moralgrund, sondern vielmehr das Vermögen der menschlichen Willensfreiheit, das Vermögen der Person, sich völlig aus sich selbst für oder gegen das Sittengesetz zu entscheiden. Auch der in der Systemskizze ausgesprochene Gedanke, wonach die erste Idee des Systems die «Vorstellung *von mir selbst*, als einem absolut freien Wesen»[253] sein soll, hat damit einen Rückhalt in Reinholds Systemdenken, wenngleich Reinhold diesen Gedanken ganz an der praktischen Vernunft festmacht und im Kontext des Sittengesetzes verortet. Um dem Autor der Systemskizze gerecht zu werden, muss man deshalb Reinhold an diesem Punkt verlassen und einen Fichte'schen Hintergrund einblenden. Es ist Fichte, und dabei eigens jener Fichte, der in Vorlesungen um die Mitte der 1790er-Jahre eine *Wissenschaftslehre nova methodo* diktiert, mit dem sich in Vorschlag bringen lässt, die gesamte und nicht nur die praktische Philosophie sei mit der ersten Idee von einem «absolut freien Wesen» zu beginnen.[254] Es ist auch ebendieser Fichte, an den die Aussage erinnert, mit dem freien Wesen trete zugleich «eine ganze Welt – aus dem Nichts hervor»,[255] wie sodann auch die Parole, es sei über Kant hinaus ein «vollständiges System aller Ideen, oder was dasselbe ist, aller praktischen Postulate» zu errichten.[256] Sobald der Autor über sein Vorhaben spricht, ausgehend von der Idee eines freien und moralischen Wesens auf die «Felder der Physik» herabzusteigen, und sich den Plan einer «Physik im Großen» vornimmt,[257] kommt im Weiteren unverkennbar Schelling zum Zug, der seit Neuem darauf aus ist, die bisherige Transzendentalphilosophie durch eine

253 Hegel: Gesammelte Werke, Bd. 2, 615, Z 6.

254 Ebd., 615, Z 6.

255 Ebd., 615, Z 7–8.

256 Ebd., 615, Z 4–5.

257 Ebd., 615, Z 9–14.

Naturphilosophie zu komplettieren, der sich allerdings insofern mit den vorangehenden Äußerungen nicht lückenlos vertreten sehen kann, als er es zwar nicht für abwegig hält, die Philosophie mit einem «*Postulat*», einer Forderung der «freyen That»,[258] zu beginnen, jedoch dem Gedanken über eine Metaphysik, die künftig in die Moral fällt, nicht beipflichten möchte, zumal der Gegenstand der Metaphysik, das Unbedingte, sich nicht moralischen Schranken beuge, mit anderen Worten: «es für eine absolute Causalität kein Moralgesetz gebe».[259] Dass das System mit einer höchsten, alles vereinigenden, platonisch zu verstehenden «Idee der *Schönheit*» und mit der Forderung einer zeitgemäßen Reaktualisierung der Mythologie zu schließen ist,[260] deutet generell auf die Wende, welche die Philosophie Kants und Reinholds um 1793 mit Schillers moralisch-ästhetischen Reflexionen genommen hat, signifikant aber zum einen erneut auf Schelling mit seinem kunstphilosophischen Abschlussgedanken, zum anderen auf Hölderlin mit seiner Auffassung, dass das Sein schlechthin auch mit dem Namen der Schönheit bedacht werden darf.

Die auf die Betrachtung zu einer neuen Physik folgenden Aussagen zu einem «*Menschenwerk*»,[261] das Ideen der Vernunft, Freiheit und des ewigen Friedens zustrebt, beruhen auf kantischen Ideen zu Staat, Recht, Geschichte und Religion, die von der Verfasserschaft in ein radikalkritisches und utopisches Licht gerückt worden sind. Von daher gilt es nochmals Reinhold und dessen Aufklärungsdenken ins Spiel zu bringen. Es sei daran erinnert, dass Reinhold einer der Ersten war, die dem kantischen Denken einen revolutionären und geschichtsutopischen Anstrich verliehen, und dass er seit 1795 mit Thesen zu einem moralischen Bund eine Diskussion im Freundes- und Schülerkreis initiierte. Desgleichen sei nochmals erwähnt, dass dieses Projekt Reinholds für jene, die wie Hölderlin im Sinne einer nicht nur moralischen, sondern auch ästhetischen Aufklärung und Erziehung dachten, wohl zu wenig weit ging, allzu viele Kompromisse zu machen schien. Zwar stand Reinhold mit seinen Bestimmungen über den Zweck und die Funktion eines

258 Schelling: Historisch-kritische Ausgabe, Werke, Bd. 3, 193.

259 Ebd., 55.

260 Hegel: Gesammelte Werke, Bd. 2, 616, Z 5.

261 Siehe ebd., 615, Z 17 bis 616, Z 3.

moralischen Bundes den bestehenden Institutionen nicht unkritisch gegenüber. Man konnte ihm keineswegs vorwerfen, den bürgerlichen Staat zur Sittenschule machen zu wollen, wurde doch von Staat und Kirche verlangt, es zu unterlassen, «das positive Gute, das nur durch Ueberzeugung des Verstandes und Freiheit des Willens möglich ist, durch Gewalt zu erzwingen».[262] Aber es war dennoch in vielen Formulierungen Reinholds auch eine Zaghaftigkeit und Ängstlichkeit zu spüren. Der moralische Bund, so wurde zugleich eingeschärft, hat seinen Zweck verfehlt, «wenn er auf irgend eine Weise in die eigentümlichen Rechte der Staaten eingreift, sich irgend eines Zweiges der physischen Gewalt zu bemächtigen versucht».[263] Der Autor der Systemskizze gehörte im Vergleich hierzu ohne Frage zu einer jüngeren, subversiveren Aufklärungsfraktion, einer Aufklärungsfraktion, die durchaus mit der Linie des Frankfurter Hölderlin kompatibel ist. Der Autor begnügt sich nicht mit einer Haltung der gegenseitigen Toleranz, sondern verlangt, dass der «Staat», da er «freie Menschen als mechanisches Räderwerk» behandelt, «*aufhören*» soll.[264] Er fordert «Umsturz alles Afterglaubens, Verfolgung des Priesterthums, das neuerdings Vernunft heuchelt, durch die Vernunft selbst».[265] Man kann sich dazu Hölderlin vorstellen, der über Niethammer von Reinholds Thesen und Bündnisplänen weiß, sie als unzureichend einstuft und deshalb im Bunde mit Sinclair ein radikaleres Vorhaben dieser Art plant. Man kann sich dazu ebenfalls Hegel vorstellen, der sich gegen einen damaligen Berner Kantianismus wendet, der bei allen Neuerungsbemühungen stark etatistisch ausgerichtet bleibt und nicht darauf verzichtet, sich mit der positiven Religion zu arrangieren.

Was die zweite Tendenz, die sich manifestierende Übereinstimmung im Prinzipiendenken, betrifft, kommt es bei Reinhold, wie wir an früherer Stelle verfolgen konnten, unmittelbar vor 1800 zu neuen Einsichten, die eine überraschende Nähe zu dem von Hölderlin angeregten Frankfurt-Homburger Philosophieren über ein höchstes Sein erkennen lassen. Reinhold schlägt zunächst den Weg zu Fichtes Ich-Philosophie ein, dies aber eigentlich nur in

262 Latomia. 20. Band, 7.

263 Ebd., 8.

264 Siehe Hegel: Gesammelte Werke, Bd. 2, 615, Z 21 f.

265 Ebd. 615, Z 28 bis 616 Z 1.

der Absicht, einen Standpunkt zu gewinnen, der sowohl Fichtes Auffassung von einem Selbstwissen als auch Jacobis Auffassung von einem Glauben an das Sein genügen kann. In einem Folgeschritt geht Reinhold dazu über, neben einem Glauben, dessen Urquelle das allerhöchste Sein ist, ebenfalls im Bereich des Wissens ein höchstes Eines, Erstes und ursprüngliches Wahres anzunehmen und auf dieser Basis dafür zu argumentieren, dass der Ausgang, den die neuere Subjektphilosophie mit ihrem Prinzip des absoluten Ich oder einer absoluten Einheit von Ich und Natur genommen hat, unzureichend ist, auf Abwege führt, einer Hybris und Pseudo-Wahrheit gleichkommt.

Dass die feststellbare Nähe mit direkten Interaktionen zwischen Reinhold und den Protagonisten des Frankfurter Hölderlin-Kreises zu tun hat, ist nicht auszuschließen, aber doch eher unwahrscheinlich. Es sind weit eher neue Denkvoraussetzungen allgemeinerer Art und Reaktionen auf damals aktuelle Denkkonjunkturen, die Reinhold nach dem episodisch anmutenden Anschluss an Fichte zu einer Zäsur veranlassen, die unter dem Vorzeichen einer antisubjektivistischen Philosophie des Seins steht. Neben dem erwähnten, durch die Zusammenarbeit mit Bardili wirksam werdenden Tübinger Einfluss auf Reinhold gilt es Reinholds Bemühen zu berücksichtigen, zu neueren sogenannten Fehlentwicklungen oder Zerfallserscheinungen der Ich-Philosophie Stellung zu nehmen. Die Ich-Philosophie geriet gegen 1800 zunehmend in die Defensive und schließlich in eine gravierende Krise, dies wesentlich bedingt durch den Atheismusstreit um Fichte sowie durch den von Jacobi ausgehenden Formalismus- und Nihilismusvorwurf gegen den Wissenschaftslehrer. Betroffen war dabei auch die Philosophie Kants, die zunehmend, so insbesondere durch Herders Abrechnung mit seinem ehemaligen Lehrer in der «Metakritik», in ein ähnlich schlechtes Licht gestellt wurde. Die öffentliche Distanzierung Kants von Fichte und dessen Anhängern änderte nichts an dieser Entwicklung, sondern trug nur zu einer weiteren Vergiftung eines durch viele übertriebene Polemiken in Mitleidenschaft gezogenen philosophischen Klimas bei. Reinhold stand um 1799 an der Seite Jacobis. Dessen provokatives Schreiben *Jacobi an Fichte*, in dem das kantisch-fichtesche Philosophieren teilweise parodiert und mit dem Verdikt einer Denkbewegung «*aus* Nichts, *zu* Nichts, *für* Nichts, *in* Nichts» herabgewürdigt wird,[266] war in engem Kontakt mit Reinhold entstanden, der zu gleicher Zeit sein den Wissenschaftslehrer zwar etwas gnädiger behandelndes, aber doch klar in die Schranken weisendes *Sendschreiben an J. C. Lavater und J. G. Fichte über den Glauben an Gott* abfasste.

Eine Kontrastierung von Reinholds Auffassung über das Glauben und Denken des höchsten Seins mit der Philosophie im Kreis um den Frankfurter Hölderlin führt uns zu der Feststellung, dass neben den erwähnten Gemeinsamkeiten im Falle des Einheits- und Teilungstheorems gleichfalls Koinzidenzen in der Fichte-Kritik bestehen. Aber es lässt sich hinwiederum auch ersehen, dass in der Argumentation für die Fichte-Kritik und in der Gewinnung einer eigenen, sich an Fichte abarbeitenden Sicht die Schwerpunkte anders gesetzt sind. Reinholds Plädoyer für den Ausgang der Philosophie von einem höchsten Sein hängt, Jacobi folgend, mit einer Art Rückkehr zu einem Natürlich-Authentischen zusammen: «Die *Natur* geht aller *Kunst* vorher, und liegt derselben, wenn sie nicht Künsteley werden soll, vorher.»[267] Natur und Sein sind hier gleichsam Chiffren der Bekräftigung eines nicht künstlichen oder spekulativen, sondern natürlichen, eines nicht formalen, sondern allerrealsten, eines nicht scheinhaften, sondern wahren und wahrhaften Welt- und Gottesbezugs. In Anbetracht des Ich-Begriffs soll dies heißen, dass die «Selbstanschauung *Ich*», das heißt jene Vorstellung, bei der «*Objekt und Subjekt* zugleich ist», als «künstlich» einzustufen, als Sekundärprodukt des natürlichen Ich des Menschen zu demaskieren ist. Das sich selbst anschauende Ich und mit ihm auch jede Art eines in die Natur diffundierten Vermögens der intellektuellen Anschauung ist in Wahrheit ein Derivat, ein parasitäres Ich. Es verdankt sich dem individuellen Ich – «*seinem* und jedem *individuellen* Ich, welches sich in dem *natürlichen Selbstbewußtseyn* ankündiget».[268] Reinhold interpretiert dieses natürliche, individuelle, in einer Beziehung zu Gott stehende Ich letztlich dergestalt, dass es sich um mein ursprüngliches Freiheitsgefühl handelt, ohne das alles für mich nichts wäre: «*Ohne* jenes *ursprüngliche* Gefühl, das ich weder der *Natur* verdanken,

266 Jacobi: Werke, Bd. 2/1, 202.

267 Reinhold: Ueber die Paradoxien der neuesten Philosophie, 59.

268 Siehe Reinhold: Sendschreiben an J. C. Lavater und J. G. Fichte über den Glauben an Gott, 71.

noch durch Spekulation erzeugen, oder auch nur nachmachen kann, würde das *empirische Wissen*, und die *Natur*, und das *reine Wissen* und die *Freyheit* – eben so wenig als *Gott* und *ich selbst* für mich seyn.»[269] Im Gegensatz zu Fichte wird damit von Reinhold ein Vorrang des natürlichen, individuellen, für mich seienden vor dem reinen, allgemeinen Ich verfochten, und es wird hiermit nun gerade gegen Fichte und dessen Anhänger der Vorwurf erhoben, aufgrund der Verkennung dieses Vorrangs sei das individuelle, für mich seiende Ich zu einem allgemeinen, absoluten, göttlichen Ich verklärt worden.

Bereits um die Mitte der 1790er-Jahre hatte Reinhold im Gespräch mit Baggesen eine Diskussion über das Verhältnis von natürlichem und künstlichem Ich begonnen, dabei das Stichwort des «Egoismus» aufgegriffen und den Versuch unternommen, zwischen zu akzeptierenden und zu verurteilenden Spielarten zu sondieren, leidenden und tätigen Egoismus voneinander abzugrenzen.[270] Jetzt flammt dieser Diskurs bei Reinhold erneut auf. Dabei bringt er nun in kritischer Absicht eine Form des menschlichen Egoismus zur Sprache, die bei François Fénélon als Gottesegoismus beschrieben worden ist. Der Gottesegoist macht sich das Bild eines Gottes, der dem Menschen in seiner Selbstbezogenheit zu dienen, den Menschen in seinem Selbstwissen und seiner Selbstmacht zu fördern hat. Wissen und Macht des Menschen sollen sich dem Wissen und der Macht Gottes annähern. Wenn Reinhold für ein höchstes Sein über allem Ich eintritt, fordert er vor diesem Hintergrund nichts anderes als den lebendigen, aufrichtigen, die Grenzen alles Selbstwissens und aller Selbstmacht respektierenden Glauben an Gott. Eine Annäherung an Gott, einen Weg zu Gott weist einzig das reine moralische Gewissen, der reine Wille des Menschen – so Reinhold, der in diesem Kontext mit Vorliebe Matthäus 5.8 zitiert («Selig sind, die reinen Herzens sind; denn sie werden Gott schauen») und mit Mose 33.20 einschärft, dass man das Angesicht Gottes nicht sehen kann.

Wie wir erwähnt haben, spielt die Befreiung des individuellen, für mich seienden Ich aus den Fängen von Fichtes absolutem Ich, eine Befreiung, die als Rückkehr zum natürlichen Ich und als Bewahrheitung des Ich verstanden werden soll, auch bei Hölderlin eine Rolle. Aber dieses Motiv kennt bei Höl-

269 Ebd., 99.

270 Siehe dazu Bondeli: Das Anfangsproblem bei K. L. Reinhold, 231–233.

derlin noch andere Facetten als bei Reinhold, der damit vor allem an das Freiheitsgefühl und an das moralische Gewissen des Menschen appelliert. Hölderlin denkt in diesem Punkt politischer, herrschaftskritischer als Reinhold, es geht Hölderlin gerade auch um die Rettung des individuellen, für mich seienden Ich gegenüber einem monarchischen Sein und Denken («die absolute Monarchie hebt sich überall selbst auf, denn sie ist objectlos»).[271] Dementsprechend erfährt bei Hölderlin das individuelle, für mich seiende Ich auch nicht die moralisch-religiöse Einbindung, die ihm bei Reinhold zuteilwird. Im Bestreben nach moralischer Vergemeinschaftung mahnt Reinhold zum aufrichtigen Glauben an Gott, an Gott als die Quelle des Wahren und Guten. Hölderlin dagegen sehnt sich nach einer göttlichen Gemeinschaft und nach einem moralisch-ästhetischen Leben, das im Lichte dieser Gemeinschaft steht. Und das moralisch-ästhetische Leben kennt hierbei nicht nur die Reinheit und Aufrichtigkeit des Herzens, sondern auch die Bewältigung der Trauer über den Verlust heiliger Ursprünge, das Wachhalten der Erfahrung von Strafe, Aufopferung, Einsamkeit, Dunkelheit und Tod. Interessanterweise ist am Ende auch das Bild zu Kant und zu dessen philosophischer Wirkung in beiden Fällen ganz unterschiedlich. Für Reinhold ist um 1799 die philosophische Ära Kants zu Ende. Kant und seine kritizistischen Mitstreiter haben nach Reinhold zwar nicht unwesentlich dazu beigetragen, dass es zur Entdeckung der nun offenbar gewordenen Unterscheidung von Spekulation und Realität gekommen ist, aber sie waren dabei auf halbem Wege stehen geblieben, ihre spekulative Philosophie war noch «nicht spekulativ genug».[272] Aus der Sicht Hölderlins hingegen ist Kant immer noch der «Moses unserer Nation, der sie aus der ägyptischen Erschlaffung in die freie einsame Wüste seiner Speculation führt, und das energische Gesetz vom heiligen Berge bringt».[273] Doch hat diese Differenz wohl noch eine andere, die Frage der Zeitgemäßheit und Wirksamkeit von Philosophie und Dichtung betreffende Bewandtnis. Reinhold ist nach wie vor ein ganz auf die Erneuerungskraft der Philosophie setzender Aufklärer, Hölderlin indessen erwartet um diese Zeit

271 Hölderlin: StA VI, 300 [BA VI, 186]

272 Siehe Karl Leonhard Reinhold: Sendschreiben an J. C. Lavater und J. G. Fichte über den Glauben an Gott, 120.

273 Hölderlin: StA VI, 304 [BA VI, 190].

die eigentlichen, höheren Stiftungen zur Rettung des individuellen, für sich seienden Ich ausschließlich von der Dichtung und keineswegs mehr von der Philosophie. Kant erhebt uns zwar zu einer schätzenswerten Epoche der Vernunft und Freiheit. «Was bleibet aber stiften die Dichter.»[274]

274 Hölderlin: StA II, 189 [BA X, 63].

# Literaturverzeichnis

## Primärliteratur

Abicht, Johann Heinrich: Hermias oder Auflösung der die gültige Elementarphilosophie betreffenden Aenesidemischen Zweifel, Erlangen 1794.

Athenaeum. Eine Zeitschrift von August Wilhelm Schlegel und Friedrich Schlegel, Berlin 1798–1800.

Bardili, Christoph Gottfried: Grundriß der Ersten Logik, gereiniget von den Irrthümmern bisheriger Logiken überhaupt, der Kantischen insbesondere, Stuttgart 1800.

Baumgarten, Alexander Gottlieb: Metaphysica. Ed. VII. Halle, Magdeburg 1779.

Briefe von und an Hegel, hg. von Johannes Hoffmeister, Hamburg 1969, 3. Aufl., Band 1.

Diez, Immanuel Carl: Briefwechsel und Kantische Schriften. Wissensbegründung in der Glaubenskrise Tübingen – Jena (1790–1792), hg. von Dieter Henrich, Stuttgart 1997.

[Dreves, Georg]: Resultate der philosophirenden Vernunft über die Natur des Vergnügens, der Schönheit und des Erhabenen, Leipzig 1793.

Eberhard, Johann August: Allgemeine Theorie des Denkens und Empfindens. Neue verbesserte Auflage, Berlin 1786.

Fichte, Johann Gottlieb: Gesamtausgabe der Bayerischen Akademie der Wissenschaften, hg. von Reinhard Lauth, Hans Jacob u. a., Stuttgart-Bad Cannstatt 1962–2012.

Flatt, Johann Friedrich: Philosophische Vorlesungen 1790. Nachschriften von August Friedrich Klüpfel, hg., eingeleitet und kommentiert von Michael Franz und Ernst-Otto Onnasch, Stuttgart-Bad Cannstatt 2018.

Hegel, Georg Wilhelm Friedrich: Gesammelte Werke, in Verbindung mit der Deutschen Forschungsgemeinschaft, hg. von der Rheinisch-Westfälischen Akademie der Wissenschaften, Hamburg 1968 ff.

Herder, Johann Gottfried: Sämtliche Werke, hg. von Bernhard Suphan, Berlin 1877 ff.

Hölderlin, Friedrich: Sämtliche Werke. Große Stuttgarter Ausgabe. Im Auftrag des Kultusministeriums Baden-Württemberg, hg. von Friedrich Beißner und Adolf Beck, Stuttgart 1943 ff.
(StA)

Hölderlin, Friedrich: Sämtliche Werke, Briefe und Dokumente in zeitlicher Folge, hg. von Dietrich E. Sattler (Bremer Ausgabe), 12 Bände, München 2004.
(BA)

Hölderlin und der Deutsche Idealismus. Dokumente und Kommentare zu Hölderlins philosophischer Entwicklung und den philosophisch-kulturellen Kontexten seiner Zeit, dargestellt und hg. von Christoph Jamme und Frank Völkel, Stuttgart-Bad Cannstatt 2003, vier Bände.

Hölderlin-Handbuch. Leben – Werk – Wirkung, Sonderausgabe, hg. von Johann Kreuzer, Stuttgart, Weimar 2011.

Jacob Zwillings Nachlass. Eine Rekonstruktion, hg. und erläutert von Dieter Henrich und Christoph Jamme, Bonn 1986.

Jacobi, Friedrich Heinrich: Werke. Gesamtausgabe, hg. von Klaus Hammacher und Walter Jaeschke, Hamburg 1998 ff.

Kant, Immanuel: Kritik der reinen Vernunft, nach der ersten und zweiten Originalausgabe hg. von Jens Timmermann, Hamburg 1998.
(KrV)

Kant, Immanuel: Gesammelte Schriften, hg. von der Königlich Preußischen Akademie der Wissenschaften, Berlin 1902 ff.

Latomia. Freimaurerische Vierteljahresschrift, 20. Band, Leipzig 1861.

Neeb, Johann: System der kritischen Philosophie auf den Satz des Bewustseyns gegründet, 1. Theil, Bonn und Frankfurt 1795.

Niethammer, Friedrich Immanuel: Versuch einer Ableitung des moralischen Gesetzes, aus der Form der reinen Vernunft, in: Philosophisches Journal für Moralität, Religion und Menschenwohl, hg. von Carl Christian Erhard Schmid und Friedrich Wilhelm Daniel Snell, Gießen 1793, Zweyten Bandes zweytes Heft, 1–72.

Niethammer, Friedrich Immanuel: Vorbericht über Zweck und Einrichtung dieses Journals, in: Philosophisches Journal einer Gesellschaft Teutscher Gelehrten, hg. von Friedrich Immanuel Niethammer, 1795, Bd.1, Heft 1 [nicht paginiert].

Niethammer, Friedrich Immanuel: Von den Ansprüchen des gemeinen Verstandes an die Philosophie, in: Philosophisches Journal einer Gesellschaft Teutscher Gelehrten, hg. von Friedrich Immanuel Niethammer, 1795, Bd.1, Heft 1, 1–45.

Platon: Werke in acht Bänden. Griechisch und deutsch, hg. von Gunther Eigler, Sonderausgabe, Darmstadt 1990.

Reinhold, Karl Leonhard: Gesammelte Schriften. Kommentierte Ausgabe, hg. von Martin Bondeli, Basel 2007 ff.
(RGS)

Reinhold, Karl Leonhard: Korrespondenzausgabe der österreichischen Akademie der Wissenschaften. Begründet durch Reinhard Lauth, Kurt Hiller und Wolfgang H. Schrader. Bd. 1, hg. von Reinhard Lauth, Eberhard Heller und Kurt Hiller, Stuttgart-Bad Cannstatt 1983; Bd. 2, hg. von Faustino Fabbianelli, Ives Radrizzani u. a., Stuttgart-Bad Cannstatt 2007; Bd. 3, hg. von Faustino Fabbianelli, Ives Radrizzani u. a., Stuttgart-Bad Cannstatt 2011.

Reinhold, Karl Leonhard: Beyträge zur Berichtigung bisheriger Mißverständnisse der Philosophen. Erster Band, das Fundament der Philosophie betreffend, Jena 1790 (modernisierte Neuausgabe hg. von Faustino Fabbianelli, Hamburg 2003).

Reinhold, Karl Leonhard: Beyträge zur Berichtigung bisheriger Mißverständnisse der Philosophen. Zweyter Band, die Fundamente des philosophischen Wissens, der Metaphysik, Moral, moralischen Religion und Geschmackslehre betreffend, Jena 1794 (modernisierte Neuausgabe hg. von Faustino Fabbianelli, Hamburg 2004).

Reinhold, Karl Leonhard: Ueber die Paradoxien der neuesten Philosophie, Hamburg 1799.

Reinhold, Karl Leonhard: Sendschreiben an J. C. Lavater und J. G. Fichte über den Glauben an Gott, Hamburg 1799.

Reinhold, Karl Leonhard (Hg.): Beyträge zur leichtern Uebersicht des Zustandes der Philosophie beym Anfange des 19. Jahrhunderts, Hamburg 1801–1803, 6 Hefte.

Reinhold, Karl Leonhard: Die alte Frage: Was ist die Wahrheit? bey den erneuerten Streitigkeiten über die göttliche Offenbarung und die menschliche Vernunft, in nähere Erwägung gezogen, Altona 1820.

Schelling, Friedrich Wilhelm Joseph: Historisch-kritische Ausgabe, im Auftrag der Schelling-Kommission der Bayerischen Akademie der Wissenschaften, hg. von Hans Michael Baumgartner, Wilhelm G. Jacobs, Hermann Krings, Hermann Zeltner, Stuttgart-Bad Cannstatt 1976 ff.

Schiller, Friedrich (Hg.): Neue Thalia. Jahrgang 1793, Leipzig 1793.

Schiller, Friedrich (Hg.): Die Horen. Eine Monatsschrift, Jahrgang 1795, Tübingen 1795.

[Schulze, Gottlob Ernst]: Aenesidemus oder über die Fundamente der von dem Herrn Prof. Reinhold in Jena gelieferten Elementar-Philosophie. Nebst einer Vertheidigung des Skepticismus gegen die Anmaaßungen der Vernunftkritik, [ohne Druckort] 1792.

Spinoza: Ethica. Lateinisch/ Deutsch. Revidierte Übersetzung von Jakob Stern, Stuttgart 1977.

## Sekundärliteratur

Ameriks, Karl: Hölderlin's Path: On Sustaining Romanticism, from Kant to Nietzsche, in: Brill's Companion to German Romantic Philosophy, ed. by Elizabeth Millán Brusslan and Judith Norman, Leiden 2019, 258–79.

Aner, Karl: Gottfried Ploucquets Leben und Lehren, Halle 1909.

Baum, Manfred: Metaphysischer Monismus bei Hölderlin und Hegel, in: Hegel-Studien, Band 28, Bonn 1993, 81–102.

Bernecker, Sven: Reinhold's Road to Fichte: The Elementary-Philosophy of 1795/96, in: George di Giovanni (Ed.): Karl Leonhard Reinhold and the Enlightenment, Dordrecht, Heidelberg, London, New York 2010, 221–240.

Bondeli, Martin: Das Anfangsproblem bei Karl Leonhard Reinhold. Eine systematische und entwicklungsgeschichtliche Untersuchung zur Philosophie Reinholds in der Zeit von 1789 bis 1803, Frankfurt a. M. 1995.

Bondeli, Martin: Reinhold und Hegel, in: Hegel-Studien, Band 30, Bonn 1995, 45–87.

Bondeli, Martin: Von Herder zu Kant, zwischen Kant und Herder, mit Herder gegen Kant – Karl Leonhard Reinhold, in: Herder und die Philosophie des deutschen Idealismus, hg. von Marion Heinz, Amsterdam, Atlanta GA 1998, 203–234.

Bondeli, Martin: Apperzeption und Erfahrung. Kants transzendentale Deduktion im Spannungsfeld der frühen Rezeption und Kritik, Basel 2006.

Bondeli, Martin: The Conception of Enlightenment in Reinhold's «Letters on the Kantian Philosophy», in: George di Giovanni (Ed.): Karl Leonhard Reinhold and the Enlightenment, Dordrecht, Heidelberg, London, New York 2010, 43–51

Bondeli, Martin: Reinholds Briefwechsel mit Kant, in: Umwege. Annäherungen an Immanuel Kant in Wien, in Österreich und in Osteuropa, hg. von Violetta L. Waibel, Göttingen 2015, 142–150.

Bondeli, Martin: Reinhold im Anschluss an Kant über Geschmack, Moral und moralische Religion, in: Rudolf Langthaler, Michael Hofer (Hg.): Kant und die Folgen. Die Herausforderung in Ästhetik, Ethik und Religionsphilosophie, Wiener Jahrbuch für Philosophie XLVIII / 2016, Wien 2017, 11–33.

Bondeli, Martin: Kant über Selbstaffektion, Basel 2018.

Bondeli, Martin: Der philosophische Entwicklungsgang des frühen Hegel. Versuch einer Bilanz, in: Helmut Schneider und Klaus Vieweg (Hg.): Das Denken des jungen Hegel im Kontext seiner Zeit, Bochum 2018, 3–31.

Bondeli, Martin / Imhof, Silvan (Hg.): Reinhold and Fichte in Confrontation. A Tale of Mutual Appreciation and Criticism, Berlin, Boston 2020.

Fabbianelli, Faustino: Einleitung, in: Karl Leonhard Reinhold: Beiträge zur Berichtigung bisheriger Mißverständnisse der Philosophen. Zweiter Band, die Fundamente des philosophischen Wissens, der Metaphysik, Moral, moralischen Religion und Geschmackslehre betreffend, hg. und eingeleitet von Faustino Fabbianelli, Hamburg 2004, IX-CIII.

Frank, Manfred: ‹Unendliche Annäherung›. Die Anfänge der philosophischen Frühromantik, Frankfurt a. M. 1997.

Frank, Manfred: Auswege aus dem Deutschen Idealismus, Frankfurt a. M. 2007.

Franz, Michael: Schellings Tübinger Platon-Studien, Göttingen 1996.

Franz, Michael: Theoretische Schriften, in: Hölderlin-Handbuch. Leben – Werk – Wirkung, Sonderausgabe, hg. von Johann Kreuzer, Stuttgart, Weimar 2011, 224–246.

Franz, Michael: Tübinger Platonismus. Die gemeinsamen philosophischen Anfangsgründe von Hölderlin, Schelling und Hegel, Tübingen 2012.

Fuchs, Erich: Reinholds Vorlesungen 1792–1794 über die Kritik der reinen Vernunft und über Logik und Metaphysik: Kollegnachschriften Smidt, Kalmann, Krause, in: George di Giovanni (Ed.): Karl Leonhard Reinhold and the Enlightenment, Dordrecht, Heidelberg, London, New York 2010, 291–314.

Fuchs, Gerhard W.: Karl Leonhard Reinhold – Illuminat und Philosoph, Frankfurt a. M. 1994.

Hegel, Hannelore: Isaak von Sinclair zwischen Fichte, Hölderlin und Hegel. Ein Beitrag zur Entstehungsgeschichte der idealistischen Philosophie, Frankfurt a. M. 1971.

Henrich, Dieter: Konstellationen. Probleme und Debatten am Ursprung der idealistischen Philosophie (1789–1795), Stuttgart 1991.

Henrich, Dieter: Der Grund im Bewußtsein. Untersuchungen zu Hölderlins Denken (1794/95), Stuttgart (1992), 2. Aufl. 2004.

Henrich, Dieter: Grundlegung aus dem Ich. Untersuchungen zur Vorgeschichte des Idealismus Tübingen – Jena (1790–1794), Frankfurt a. M. 2004, 2 Bände.

Henrich, Dieter: Schillers Denken im Spannungsfeld der Jenaer Konstellation, in: Friedrich Schiller. Dichter, Denker, Vor- und Gegenbild, hg. von Jan Bürger, Göttingen 2007, 116–135.

Hiller, Marion: ‹Harmonisch entgegengesetzt›. Zur Darstellung und Darstellbarkeit in Hölderlins Poetik um 1800, Tübingen 2008.

Hoffmeister, Johannes: Hölderlin und die Philosophie, Leipzig 1944, 2. Aufl.

Jamme, Christoph: «Ein ungelehrtes Buch». Die philosophische Gemeinschaft zwischen Hölderlin und Hegel in Frankfurt 1797–1800, Bonn 1983.

Kondylis, Panajotis: Die Entstehung der Dialektik. Eine Analyse der geistigen Entwicklung von Hölderlin, Schelling und Hegel bis 1802, Stuttgart 1979.

Kurz, Gerhard: Das Wahre, Schöne, Gute. Aufstieg, Fall und Fortbestehen einer Trias, Paderborn 2015.

Lauth, Reinhard: Reinholds Weg durch die Aufklärung, in: ders: Transzendentale Entwicklungslinien von Descartes bis zu Marx und Dostojewski, Hamburg 1989, 73–110.

Meier, Lars: Konzepte ästhetischer Erziehung bei Schiller und Hölderlin, Bielefeld 2015.

Meinhold, Gottfried: Die Deutung des Schönen. Zur Genese der intellectualen Anschauung bei Hölderlin, in: Evolution des Geistes: Jena um 1800. Natur und Kunst, Philosophie und Wissenschaft im Spannungsfeld der Geschichte, hg. von Friedrich Strack, Stuttgart 1994, 373–392.

Onnasch, Ernst-Otto: Die Rezeption Reinholds im Tübinger Stift zwischen 1790 und 1792, in: Violetta Stolz, Marion Heinz, Martin Bondeli (Hg.): Wille, Willkür, Freiheit. Reinholds Freiheitskonzeption im Kontext der Philosophie des 18. Jahrhunderts, Berlin, Boston 2012, 301–325.

Rehme-Iffert, Birgit: Skepsis und Enthusiasmus. Friedrich Schlegels philosophischer Grundgedanke zwischen 1796 und 1805, Würzburg 2001.

Roehr, Sabine: Zum Einfluss K. L. Reinholds auf Schillers Kant-Rezeption, in: Martin Bondeli, Wolfgang H. Schrader (Hg.): Die Philosophie Karl Leonhard Reinholds, Amsterdam, New York 2003, 105–121.

Schaller, Philipp: Wiener Ouvertüren zur Kantisch-Reinholdischen Philosophie, in: Umwege. Annäherungen an Immanuel Kant in Wien, in Österreich und in Osteuropa, hg. von Violetta L. Waibel, Göttingen 2015, 120–128.

Stiening, Gideon: Epistolare Subjektivität. Das Erzählsystem in Friedrich Hölderlins Briefroman «Hyperion oder der Eremit in Griechenland», Tübingen 2005.

Stolz, Violetta / Heinz, Marion / Bondeli, Martin (Hg.): Wille, Willkür, Freiheit. Reinholds Freiheitskonzeption im Kontext der Philosophie des 18. Jahrhunderts, Berlin, Boston 2012.

Stolzenberg, Jürgen: Selbstbewußtsein. Ein Problem der Philosophie nach Kant. Reinhold-Hölderlin-Fichte, in: Le premier romantisme allemand (1796), Revue internationale de philosophie, Nr. 3 (1996), 461–482.

Waibel, Violetta L.: Hölderlin und Reinhold, in: Ulrich Gaier, Valérie Lawitschka, Wolfgang Rapp, Violetta Waibel: Hölderlin-Texturen 2. Das «Jenaische Project». Wintersemester 1794/95, Tübingen 1995, 76–83.

Waibel, Violetta L.: Hölderlin und Fichte 1794–1800, Paderborn 2000.

Waibel, Violetta L.: Reinhold hat die Wirklichkeit der Philosophie begründet. Die Rezeption Reinholds bei Hölderlin und Hardenberg (Novalis), in: K. L. Reinhold. Alle soglie dell' idealismo. Archivio di filosofia. Archives of Philosophy, LXXIII (2005), Nr. 1–3, Pisa, Roma 2006, 349–366.

Wegenast, Margarethe: Zu Hölderlins Spinoza-Lektüre und Kritik der Subjektphilosophie, in: Spinoza im Deutschland des 18. Jahrhunderts. Zur Erinnerung an Hans-Christian Lucas, hg. von Eva Schürmann, Norbert Waszek und Frank Weinreich, Stuttgart-Bad Cannstatt 2002, 477–502.

Das Signet des Schwabe Verlags
ist die Druckermarke der 1488 in
Basel gegründeten Offizin Petri,
des Ursprungs des heutigen Verlagshauses. Das Signet verweist auf
die Anfänge des Buchdrucks und
stammt aus dem Umkreis von
Hans Holbein. Es illustriert die
Bibelstelle Jeremia 23,29:
«Ist mein Wort nicht wie Feuer,
spricht der Herr, und wie ein
Hammer, der Felsen zerschmeisst?»